もう中国とは「共助」でないといけない！

——識者８人の実践と知恵——

土屋雄二郎著

日本僑報社

推薦の言葉

この度は、土屋雄二郎氏が『もう中国とは「共助」でないといけない!』を上梓されたこと、心よりお祝い申し上げます。

本書は日中の識者8人のそれぞれの分野での実践と知恵、率直な提言などを取材、研究した成果を凝縮したものであり、多角的に日中関係改善の新たな可能性を探り、両国のＷｉｎ－Ｗｉｎ関係の構築に寄与するオリジナリティあふれる一冊です。

本書は私がお世話になり、尊敬する瀬野清水氏（一般社団法人日中協会理事長）からご紹介いただいたことで出版をお引き受けいたしました。また、私の博士課程の指導教官である恩師の故青山英康先生（岡山大学名誉教授、ジョンズ・ホプキンス大学学士会終身会員）が、土屋氏や、日中国交正常化に尽力した岡崎嘉平太氏と同郷であり、ご縁を感じました。土屋氏からは「段景子社長に是非前書きをお願いしたい」とのご要望をいただいたのですが、編集部の判断により推薦の言葉という形を取りました。何卒ご容赦ください。

土屋氏は雑誌編集の経験を持つプロですが、日中関係の分野では初めての挑戦でもあります。本書の内容に関しては、個人的に意見が完全に一致しない部分もありましたが、土屋氏が日中関係改善のために本書の執筆に注いだ情熱を肌で感じ、本書が日中関係についてたくさんの日本人の興味を引き、議論を通して日中関係の改善に繋がることを期待し、あえて土屋氏の意向を尊重する形としました。

編集にあたって私たちが痛感したのは、日中関係の改善や、両国の共存共栄、共同発展には、現代中国が歩んできた独自の道のりに対する理解や認識が欠かせないということです。「彼を知り己を知れば百戦殆うからず」という孫子の兵法にあるように、１９４９年建国の中華人民共和国で、毛沢東、鄧小平、江沢民、３世代の指導者が中国を率いたそれぞれの時代を繋げ、今日の発展に至る現代中国の歩みを俯瞰する必要があります。「現代中国の『史記』」とも言える、清華大学教授・国情研究院院長 胡鞍鋼著『中国政治経済史論』シリーズを読んで、新中国成立以来の歴史を皆さまによく知っていただき、近年の著しい成長の歴史的な流れや、今の中国の「リアル」を理解することで、日中関係改善、両国の共同発展の底力をつけるのに非常に役立つと思います。

今年は日中平和友好条約締結45周年の節目の年です。次の45年において中国と日本がより力強く共同発展するために、是非本書をご一読ください。

最後になりますが、本書にご興味をお持ちいただき、手にとってくださった読者の皆さまに厚く感謝申し上げます。

２０２３年春

日本僑報社代表取締役社長 **段 景子**

はじめに

日本は中国と2000年の良好な歴史がある。日清戦争から日中戦争までの50年の困難な時代を経て、1972年に日中国交正常化、1978年に日中平和友好条約締結がなされ、両国に友好ムードが漂った。だが今日、日中共同世論調査によると、日中関係が重要と考える日本人が7割強に上り両国の友好が必要との認識ながら、中国に良い印象を持つ日本人が僅か10・0%、逆に良くない印象を持つ日本人が89・7%に上る。侵略された国が侵略した国を嫌うのは分かるが、侵略した国が侵略された国を嫌うのは解せない。

文科省はシニア向け「リカレント教育」の必要性を強調。これに東京都が呼応し、小池百合子知事肝いりで設立されたのが東京都立大学プレミアム・カレッジである。私は電車の吊り広告「50歳からの新たな学舎（まなびや）」「生涯学べる100歳大学」のコピーに釣られ2期生になった。ゼミで取り組む修了論文はとても新鮮で刺激的だった。先輩や同期の論文には「日本列島人の起源と国の成り立ち」「父親のシベリア抑留を支えた日本新聞や娯楽」「水害リスク情報のスピード化」など出色も多く、「紀要やネット公開にならないが、先行研究として役立ちたい」と学友とよく話をして出版もありだなと密かに思っていた。私はカレッジ2年目で「日中関係と活法合気道の精神」に取り組んだ。その修了後も日中関係を深掘りしたいと思った時、岡山県加賀郡吉備中央町在住の友人の顔と言葉「僕の地元から岡崎嘉平太いうぼっけー立派な人物が出とるんよ」が浮かんだ。

『岡崎嘉平太伝――信はたて糸　愛はよこ糸』（ぎょうせい刊）は大部だが興味深く2日間で読了した。岡崎氏は中国の周恩来元総理を始め日本の恩師や元上司を大尊敬しているが、いかなる人も下に見ない。上海の華興商業銀行理事時代に長男・彬氏が中国人の同級生に空気銃でケガをさせたことで、親子で相手の家に出向き、2人で土下座をして謝ったという。まさに「光明に背面なし」の生き方だ。彬氏に会って直接話をうかがいたいと思い、吉備中央町の岡崎嘉平太記念館に連絡したところ4年前に他界されたと聞いた。

岡崎氏は戦後100回訪中したが、その通訳を三十数回務めたのが朱金諾さん（全日本空輸株式会社常務理事）である。岡崎氏が設立した日中協会（現・一般社団法人日中協会）の現理事長は元重慶総領事の瀬野清水さん。今日、岡崎氏のアジア重視と世界平和の生き方をおせっかいで体現しているのは高橋恵さん（一般社団法人おせっかい協会会長、株式会社サニーサイドアップ創業者)。岡崎氏が井戸を掘った日中友好は、河合弘之弁護士(中国残留孤児の国籍取得を支援する会会長)が中国残留孤児の日本国籍取得に留まらず中国養父母感謝の碑建立や中国残留孤児の家設立、志賀建華さん(一般社団法人日中平和発展促進会理事長、株式会社遊路社長)が多数の日本人を中国にいざない、張麗玲さん(株式会社大富代表取締役社長社長)が撮り溜めたドキュメンタリーが日中両国でテレビ放送され、「隣国として手を携えていかなければならない」との機運を盛り上げた。田邉敏憲さん(元尚美学園大学学長・エアロディベロップジャパン株式会社社長)は株式会社富士通総研経済研究所主席研究員時代に日中経済知識交流会のメンバーとして中国に日本の先行事例として経済やエネルギー、環境の分野で示唆を与えた。カレッジ時代の恩師・佐藤志乃先生(日本美術史研究家・公益財団法人横山大観記念館学芸員)からは江戸時代までの日本人が詩書画などを通して中国を憧れの国と見ていて、「明治の岡倉天心も『アジアは一つ』を提唱」などの話を聴いた。

8人の方々は様々な分野で活躍されていて、いずれも日中関係に深い見識と造詣がある。私自身が目から鱗だった日中関係に最後までお付き合いいただければ幸いである。

目　次

第1章　おせっかいと笑いで日中、そして世界を幸せにする

高橋恵　一般社団法人おせっかい協会会長

1942年、日帝時代の朝鮮・仁川生まれ。3歳で父親が戦死し、26歳で戦争未亡人となった母親のもと、3人姉妹の次女として育つ。短大卒後、広告代理店に勤務。結婚退職後、様々な営業でトップセールス。40歳で離婚。1985年、株式会社サニーサイドアップ創業。1997年、長女に社長を継承。49歳で再婚。2013年、東京・中野で一般社団法人おせっかい協会を設立。

「おせっかい」は「かえって迷惑になるような余計な世話をやくこと」という意味があるがそうではなく「誰かのために見返りを求めないで行う思いやりの行動のこと」と声を挙げるのは一般社団法人おせっかい協会会長の高橋恵さんである。戦争未亡人の母親に育てられ生活苦で里子に出された逆境をバネに中野のマンションの一室で株式会社サニーサイドアップを創業し、「コネがなくても行動力」「常識がなくても情熱」「知識がなくても知恵」などの信条で次々と伝説を生み出してきた。現在、おせっかい精神を広めるために東奔西走、全国の支部立ち上げにも奮闘中。日中の外交には「笑い」が必要と提唱する。

「3つの太陽」「生きて」のメッセージで命をつなぐ

土屋　2022年11月3日、中野ゼロホールでの講演会「愛あるおせっかいが、日本を変える！」は大盛況で参加者の皆さんがとても満足していました。恵さんが冒頭に発言した「私はシャンプーするからフケ（老け）ない」に思わず笑ってしまいました（笑）。

高橋　これまでの体験や気づいたことなどを色紙に書き溜めたら100を超えました。その一部を新刊の『百年人生を笑って過ごす生き方の知恵』（致知出版社）で紹介しています。

土屋　恵さんの知人の土井英司さん（有限会社エリエス・ブック・コンサルティング社長）は著書『「伝説の社員」になれ！　成功する5%になる秘密とセオリー』（草思社）で、いい講演やセミナー、本に触れて活かせる人とそうでない人について述べています。恵さんはピンとくるとメモをして、すぐ実践されるので間違いなく「5%人間」ですね。

高橋　私はいつも「コネがなくても行動力、常識がなくても情熱、知識がなくても知恵、身長がなくても体重がある」と言っている（笑）。健康があって行動力、情熱、知恵があれば何でもできると言いたい。それとこれまでの営業体験から相手を笑顔にさせ、見返りを求めない行動をとれば必ず財布の口が開いて業績を伸ばせることが分かった。

セールスマンが来ると露骨に嫌な顔をする人がいます。私は「見知らぬ営業マンに見せる顔こそその人の素顔」という字余り川柳を作りました。ああいう主婦にならなければいいと思って営業したから体験が活きました。だから私はどんな商品でも営業ができる。それと人の気持ちが分かって学ばせてもらっていると思えば誰にも平等に優しくできます。

土屋　戦後、一家は相当ご苦労されたとか？

高橋　そう。父は東京芝浦電気株式会社（現・株式会社東芝）の技師で母の次兄の友人でした。挙式後、朝鮮半島ソウル近郊の仁川工場で年子の姉と私が生まれました。戦況が思わしくなく、父は召集され30歳の若さでシベリアで戦死しました。２０２２年12月公開の映画「ラーゲリより愛を込めて」のような状況です。母は鹿児島で戦争未亡人となり３女を育てるためにパン工場を経営し学校に納入するなど順調でしたが、１９５１年10月に私が9歳の頃、大型のルース台風が鹿児島県を直撃し、死者５７２人、行方不明者３７１人という未曾有の被害を出しました。母のパン工場も天井が吹き飛ばされ機械も一切使えなくなるなど大損害を受けました。母はパン工場を閉鎖し、私たちの進路を考え「お父ちゃんの出身地の東京で暮らそう」と言って、１９５２年に母娘４人で上京しました。

土屋　東京での暮らしは？

高橋　大田区千鳥町の借家の一室に住み込みました。母は父の元勤務先、東芝の電話機のお掃除を仕事にしました。家の目の前に朝鮮学校があって朝鮮人がいっぱい通るでしょ。

みんな日本で生まれて日本の言葉なので顔なじみになって手を振ったら、隣のおばさんから「朝鮮の子となんで口を利くの？」と怒られました。そういう時代でした。

土屋　お母さんはどう言われましたか？

高橋　母は仁川時代に立派な大学教授一家などと付き合いがあり「朝鮮の人たちに良くしてもらいました。日本人も朝鮮人も同じ人間だから差別をしてはいけません」と私たちに教えました。私は同じ日本に住んでいる同士なのにどうして差別するのかと考えました。

土屋　お母さんのお仕事は？

高橋　受け取った手形が不渡りとなり、債権者が押し寄せてきて母が指にしていた真珠の指輪まで奪っていかれました。近所で無理心中があり、思い悩んでいた母も遂に観念したのか「お父ちゃんのところに行こう。お父ちゃんが会いたがっているから」と言うのです。その時、玄関に1枚の紙切れを挟んでくださった方がいて「どうか希望を失わないでください。あなたには3つの太陽があるじゃありませんか。今は雲の中に隠れていてもいつか必ず光り輝く時があるでしょう。どうかそれまで死ぬことを考えないで生きてください」と書かれてありました。3つの太陽とは私たち3姉妹のことです。多分、あの頃はみんな生活に困っていて物もお金も上げられないけどあの親子を放っておくと死ぬかもしれないからと手を差し伸べてくださったのでしょう。近所の人の好意に救われた命です。

万引きした菓子を食べてしまい「天知る」「地知る」「我知る」

土屋　お母さんは優しさと厳しさの両面をお持ちでしたね。

高橋　近所の子どもが私たちにくれたお菓子が駄菓子屋で万引きしたものだと食べた後に分かって、大変なことになる予感があり後ろめたい気持ちで帰宅すると、母が鬼の形相で私たち3人を一列に並べて1人ずつ右手でパン、パン、パンと頬をぶちました。次に左手で「これはお父ちゃんの分よ」と言って反対側の頬をパンパンパンと叩《たた》いた後、姉に「天知る、天が見ている」、私に「地知る、大地が見ている」、妹に「我知る、自分が一番知っている」と言った後で「このことはよく覚えていなさい」と念を押しました。母は「どんなに貧乏しても心まで貧しくしてはいけない」と私たちに叩き込んでくれたのです。「天知る」の教えはすごいです。中国の後漢の時代の楊震《ようしん》が賄賂《わいろ》を断る際に述べたそうですが、鹿児島の西郷隆盛の「敬天愛人」に通じると言う人もいます。

土屋　西郷は奄美大島に遠島になった際、本名を隠すために「菊池源吾（吾が源、菊池にあり）」を名乗りました。奄美で授かった子は「菊次郎」「菊草」と命名しています。西郷は薩摩で身分が低い下士ながら、熊本県北部を450年にわたり統治し朝廷の忠臣として奮闘した菊池一族の末裔《まつえい》です。譲れぬプライドと将の心を培っていたと思われます。

高橋　うちの母は昔、「苦しくて食べなくてもいいからもらわない。恥だから」と言って意地でも生活保護を受けませんでした。今の日本人は昔より贅沢《ぜいたく》をしているのにコロナの助成金を申請する人がいるじゃない。なんでこういう世の中になったのかと思います。

土屋　日本は少子化なのに2021年度がいじめも不登校も数が過去最高でした。アングロ・サクソン（ヨーロッパ大陸からイギリスに渡ったゲルマン民族の一派で英語が国語・公用語）は子どもが20歳になったら家から出すそうです。逆に自分が高齢になっても引きこもりの我が子の面倒を見るのはアジアの特徴です。中でも日本人に顕著です。

高橋　仕事がないから働かないという気持ちも少しは分かるけど、今はどこでも笑顔で頭をちゃんと下げれば仕事がついてくる。自分が食べるくらい自分で何とかして欲しい。

大空を自由に飛ぶ鳥になる
そう思った14歳の夏が原点

土屋　恵さんは中学時代にお母さんの知人の家に預けられ凄惨《せいさん》ないじめに遭ったとか？

高橋　妹が先に広島の伯母の家に連れて行かれる日、私は妹と腕を鉢巻きで結んだ記憶があります。妹は「汽車に乗れる」と言って喜んで行きました。私は心を鬼にした母から「埼玉の知り合いの家が学校に行かせてくれるから行きなさい。これからは女子も学問が必要になるから」と言われました。姉は母の面倒を見るために残りました。

土屋　お母さんの面倒とは？

高橋　母は吐血《とけつ》して倒れて気弱になり、手のかかる私たち2人を手放しました。みんながバラバラになってもそれぞれ頑張ろうとなった。戦後大変な時代だったので学校に行かせてくれるといっても、その家の小さい子どもたちの面倒を見たり、冬は朝晩氷水のように痛くて冷たい水で雑巾がけ、秋田犬の散歩などが待っていました。夜に勉強していれば「まぶしくて寝られやしない」と叱られ、布団をかぶって勉強を続けると段々悔しくなり泣いてしまう。今度は「うるさいね、何時だと思っているの？　嫌なら出て行きなさい」と怒鳴られた。お腹いっぱいご飯を食べたくてお替わりすると「いやしい子だね」と言われるので、お茶碗を持つ手の反対の手で必死に押さえた。その家で飼っていた秋田犬には餌《えさ》とは別に牛乳を毎日飲ませていました。その時、自分が少し飲もうかなと思った時に母の声が聞こえてきたのです。「天が見ていますよ、大地が見ていますよ、自分が一番知っているでしょ」と。誰も見ていないと思って一度飲んだら毎回盗み飲みしたかもしれません。秋田犬には「ごめんね。飲もうとして」と言って泣きながら頭をなでました。

土屋　つらい時にメンタルをどう維持・克服しましたか？

高橋　その家の小さい子どもに教科書や勉強道具を隠され探していると、養母の姑《しゅうとめ》さんから「大事なものをなんできちんとしない」と言って叱られました。これからはちゃんとしまっておこうと思って納戸の箪笥《たんす》の一番下の空いていた場所に風呂敷に包んだ教科書などを入れさせてもらっていました。それを事前に頼んでいなくて見つかって、近所のお年寄りが遊びに来ている時に「なんで勝手に使ったの？」と責められ、荷物の風呂敷の紐《ひも》をほどいて私の頭にバーンと投げ落としました。私は人前での仕打ちがすごいつらくてトイレから出てこられないぐらい泣いて泣いて。やっと外に出た時に大空に羽ばたく鳥が見えました。鳥だって自分で餌を探して生きているのだから私も「大空を自由に羽ばたく鳥になりたい」という思いで過去を忘れて前を向いていこうと決めた原点が14歳の夏でした。

土屋　大空を自由に羽ばたく鳥に癒《い》やされたのですね。埼玉にはいつまで？

高橋　私は早く母の元に帰りたかったのに妹も一緒と思って言い出せませんでした。お正月に一時帰宅したら妹が母と姉と一緒にいました。母から「良くしてもらっているか？」と尋ねられても、私はいじめられていると言えなくて「うん」と答えました。私がこの家に帰ってきたら母はもっと苦しむと思ったからです。正月が明けて私が埼玉に戻る時、母が「いたかったらいていいのよ」と声をかけてくれましたが、「学校があるから」と言って戻ることにしました。母が嗚咽《おえつ》で泣いている声が窓外から聞こえてきます。姉が追いかけてきてくれたのに暗い街灯の下を私が先を急ぐと、「ごめんね、あなたにばかり苦労をかけて」と言って泣くのです。私は振り向いて「どうして泣くのよ。泣きたいのは私のほうよ」と言いながら東急池上線の電車に乗りました。埼玉を出たのは中学卒業時です。

その少し前に母が「借金をするから私立高校に行きなさい」と言うので大喧嘩《おおげんか》しました。私は「みんなこんなに我慢しているのに。高校には自力で行く」と言って本屋でアルバイトしました。姉に「どうしても修学旅行に行かせてあげたい」と思って前借りしたアルバイト代を手渡すと泣いて喜んで「私が働いてあなたを絶対に大学に行かせてあげるから」と高校卒後に三菱化成工業株式会社（現・三菱化学株式会社）に就職して私の短大の入学金を工面してくれました。家族で三菱の保養所に行くと、姉の上司から「お姉さんの（炊事・洗濯で）荒れた手を見て、成績を見て、人柄を見て採用しました」と言われました。

土屋　後年、意地悪をしたおばあさんと再会されたとか？

高橋　家に戻って十数年経った頃、人づてにそのおばあさんが危篤だという話を聞いて、3食とかお世話になったのは事実なので病室を見舞ったところ、虫の息で「当時はすまないことをしましたね」と詫びてくれました。その時、どんな人でも他人を傷つけたことに罪悪感で後悔をしていてずっと残っているのだということが分かりました。

土屋　恵さんは自分がいじめられたのにどうして人に優しいのですか？

高橋　私は常に相手を想う気持ちから自分がされて嫌だったことはしないと決めていて、

心に堅く誓っているわけ。目には目を歯には歯をという考えを実践する人もいらっしゃるけど私は違う。それと何事もプラス思考でいるように心がけています。

土屋　恵さんはどんな高校生でしたか?

高橋　アルバイトの傍ら日曜日や春休み夏休みにBBS(Big Brothers Sisters Movement)の活動をしました。年齢が少し下の少年少女たちの兄姉のような存在として一緒に悩み学び楽しむボランティア活動です。私がよく世話をしたのは韓国籍のハーフの男子中学生です。学校を停学になって保護司さん宅に同行したり、話を聴いてあげたりしました。最初は勝手に煙草を出してプカプカ吸っていましたが、徐々に「吸っていいですか?」と尋ねるようになりました。で、とことん面倒を見たら徐々に素行が改善し「学校に行きたい」と言うので日曜日に校長先生宅に連れて行きました。応接間に通されて「本人が登校したがっていて生活態度もだいぶ良くなったので許してください」と2人で手をついてお願いすると、その校長先生は「朝鮮人は朝鮮学校に行けばいい」と言い放ったのです。私は校長先生ともあろう人が本人の前で差別的な発言をするとは、どうしても許せませんでした。

　復学させないと言われ、私よけいに「この子を徹底的に直してやろう」と思った。でも、その子と大喧嘩になって私が爆発して「もうこれ以上、面倒を見られない」と言い放つと、後ろから匕首《あいくち》を私の喉に突きつけてきて「もっと悪い人間がいる。行かないで」と懇願されました。あの頃、よくこんな活動をしていたと思います。BBSは21歳まで続けました。
後年、中野区新井に越して、北京や上海、香港などから来日した中国人留学生たちの面倒も見ました。みんな「東京の、日本のお母さん」と寄ってきました。私は我が子や姪がアメリカ留学でお世話になったから人種差別なんてできません。

「大阪しぐれ」を聴いて1人で生きる覚悟をする

土屋　短大卒後の進路は？

高橋　最初東京ラジオプロダクションに2カ月ほどいて、もうテレビの時代だと思って放送局の人が広告代理店を紹介してくれました。面接で「営業をやりたいです」と言って入社しました。営業職が約50人の中、女性は私1人です。その中で私が仕事を受注してくるので部長が「(旧姓の)次原を見ろ。若くてもちゃんと頑張っている」とみんなに発破をかけるので申し訳ない思いですが、一所懸命に頑張れば実績を残せました。

土屋　入社2年後に職場結婚し高橋姓となりましたね。

高橋　そうなんです。会社も辞めることになりました。後に2女ができ子育て真っ最中でありながらずっとセールスで頑張りました。私は母を見ていて女の人も何かあれば1人になって働かないといけなくなる、だったら早いうちから取り組もうと思ったわけです。

土屋　当時の旦那さんは嫌ですよね。

高橋　怒ります。「亭主が2人、主婦が2人いるようだ」と嫌みを言われ、棚の上の塵とかよく指摘されました。義父が岡山県内で会社を手広く経営していたので元夫も父権が強かった。プロポーズの言葉も「お袋とうまくやっていける人だと思った」と。だから何を言っているのかと思いました。お義母さんが義兄夫婦と折り合いが悪くて上京された際、「引き取って面倒見てあげようよ」と言うと「仏心を出すものじゃない」と叱られました。

土屋　40歳で離婚、42歳で創業した当時の想いは？

高橋　私は中野駅南口のワンルームマンションで株式会社サニーサイドアップを創業しました。駅から徒歩数分の距離で中野郵便局も近いから仕事に便利で、コネがなくても行動すればいいと思ったからです。離婚して私が家を出て、子どもたちは元夫と暮らしていました。私はいつか子どもたちを引き取って一緒に暮らすために会社を頑張ろうと思いました。ある日、お惣菜を買ってご飯を食べようとしてテレビのスイッチを入れたら都はるみ

2女と姪たちとの旅行

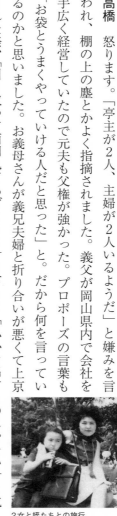

が「大阪しぐれ」を歌っていました。「ひとりで　生きてくなんて　できないと　泣いてすがればネオンが　ネオンがしみる……」という歌詞です。私も一緒に声を出して口ずさむと思わず泣けてきました。だって当面、１人で生きていこうと思った矢先でしたから。それでも１人で歯を食いしばってでも頑張ろうと決めたのが中野のワンルームでした。

土屋　創業の頃はさぞ大変だったでしょうね。

高橋　母が受け取った不渡りを見て育ったので借金しないで5万円の手形でも割らないように頑張りました。１５００万円のマンションの頭金３００万円を払って１２００万円のローンを組むと金利が毎月10万円、元金返済分2万円と合わせて毎月12万円を支払うとカツカツの生活です。それを何年も続けて、銀行から引かれたら1本ずつ線を引きました。

仕事で使っていた車を駐車違反でレッカー移動された時は涙がボロボロこぼれました。悲しいのはこの車があるからだと思ってサッと売ってＦＡＸとコピー機を70万円で購入しました。そのすぐ後で広告代理店から電話があって「原稿は送るのではなくて手で持って来るように」と言われて車がないので重たい原稿と資料を持参したことがあります。

私は誰よりも明るくしようと思って取り組みました。最初私１人の時は留守番電話が勝負です。留守録が明るい声だと用件が入り、暗ければ難しい。長女は薬師丸ひろ子さんのものまねが巧いので留守録を頼みました。電話に出た知り合いが「うちの留守録も頼むよ」と言ってきました。長女が一緒にイベントなどを手伝うようになって作った名刺が「私が次原悦子」、もう1人の友だちが「皆様の松本理永」でした。２人とも役職がないのでユニークさを追求していて笑っちゃいました。

土屋　お嬢さん、松本さんは当時どんな仕事を？

高橋　テレビの番組で賞品が当たったりするでしょう。その商品を探してテレビ局や制作会社に提案するのです。松本は早々に1件決めてきました。あとはテニスのトーナメントなどイベントのスポンサー探しと手伝いです。それと長女も松本も若くて元気があるから既に広告が決まっているのに差し替えてくれたこともありました。みんな楽しく仕事をしました。イベントは学生のノリですから最高に面白かったと思いますよ。

「即行動」「即速行動」を信条に1日の仕事を半日で仕上げてきた

土屋　お嬢さんの悦子さんはいつから会社を手伝だったのですか？

高橋　長女は高校から手伝ってくれました。中学生だった次女はマンションの下まで来ても階上まで来ようとしません。両親が離れて生活しているので、私の住居兼仕事場を見るのも嫌だったみたいです。数年後日本を離れるようにアメリカの大学に入学しました。

土屋　その後、仕事は順調に？

高橋　頑張ったら上の部屋も借りられて、名刺に6、7階と入れたら当たって、「2フロアもあるのですか？」と言われて「はい」と答えたことがあります。本当は下も上も一間だけど(笑)。それでも部屋が手狭になって会社を移そうと思って不動産会社に行くと「横文字の会社でしかも女社長には貸さないよ」と真顔で言われました。私はいじめられればいじめられるほど、もっと大きいところに移ってやろうと闘志に火がつきました。

土屋　顧客探しはどのように？

高橋　電話帳や104の電話番号案内で調べて片っ端から電話しました。カツラの会社を訪問したとき、その会社の社長が「電通PRセンターを気に入っているので大丈夫だ」と言いながら誤ってカッターナイフで指を切って私を手で追い返すようにされました。私は薬局を探して消毒液と止血薬を買って届けました。それがすごく気に入られ、半年後に仕事に結びつきました。人は見返りを求めないで損得を考えなければ福が訪れるのです。

土屋　大阪にも出張されたとか？

高橋　東京の放送局の番組とプロデューサーは熟知していましたが、大阪は不明なので会いに行こうと思いました。毎日放送のプロデューサーからは電話でいとも簡単に断られていたので、最後に吹田市千里丘（現・大阪市北区茶屋町）に行って受付で「先日お電話をして断られましたサニーサイドアップの高橋です」と伝えたら制作室から出てきて「断られて来た人、あなただけだよ」と言われました。その際、「私は1カ月に1度こちらに来る必要があります」と伝えると「行くところがなければ飯でも馳走するよ」と言われるぐらい話が弾みました。

帰路の新幹線が私の仕事のスタートです。その日会った人への手紙書きです。手応えがあった人から順に書くと最初は行間に感情が滲《にじ》みます。本当に嬉しかったことは相手にも伝わるのです。それと旅費の精算を東京駅に着くまでに終わらせます。手紙を次の日の朝に速達で投函すると先方は一昨日に会った人から手紙が届いてビックリします。大阪で最初に仕事をいただいたのが毎日放送さんでした。

私は「即行動」「即速行動」が信条で、「石橋は叩く前に渡り切る」「時間はないのではなく生み出すものだ」と思っています。時間を狭めればどんなことでもできる。新幹線の中でお酒を飲んだり寝て帰ったら翌日午前中が手紙書きでつぶれるでしょ。私は創業時、部屋に「人に勝つ道は知らず　我に勝つ道を知りたり」（柳生宗矩《むねのり》）、「1日を2日と思え。午前中が1日、午後は次の日」と紙に書いて貼りました。そういう気持ちで日々取り組み、早く終わらせたら一日分ほかのことができる。そういう考えで常に前倒ししてきました。

土屋　ワンルームの古巣時代が懐かしいですね。

高橋　２０１２年２月に初めて『幸せを呼ぶ「おせっかい」のススメ』（ＰＨＰ研究所）を出版した際、「原点」のワンルームマンションを訪ねました。管理人さんに「６０７号室の部屋を見せて欲しい」と言ったら「現在の居住者に了解をとってくれたらいいですよ」と言われました。ピンポンを押すと男の子が出てきたので「この部屋から始めて頑張ったら本も出せるようになった」と伝えて本を出しかけたら「いいです、いいです」と言われドアを閉められた。その時、「僕も頑張ろう」という気持ちになればきっとその人の人生も変わったと思います。反対にドアを強引に閉めたらチャンスの扉は開かない。そのことを1階の管理人さんに話したら「僕は今日でここの管理人が最後です。数日後にタイのチェンマイに永住します。その本を買わせてください」と言ってくれたので渡しました。その方から1年後にエアメールが届いて「チェンマイ・イーペン（ロイクラトン）祭りで灯籠《とうろう》流ししませんか?」とあって幼稚園時代からの仲良し5人組で出かけました。

土屋　サニーサイドアップが２０１８年12月5日、東証第1部に上場し、大成功ですね。

高橋　私が本気で社業に取り組んだのは最初の7年間ぐらいだから種を播《ま》いただけです。借金をしてまで会社を大きくするつもりはなかったから成功とは言えないのよ。そういうのを気にしない長女が会社を伸ばして上場までさせました。

陳舜臣の従弟・明華氏と再婚
香港や上海で新婚生活を送る

土屋　再婚については？

高橋　私が49歳、陳明華が44歳の時でした。姉が「世界の4人に1人が話者の中国語を習う」と言って勉強していました。私も「中国語を話せるようになりたい」と言って、ある中国の人たちの食事会に参加しました。そこにたまたま明華もいて私の隣席でした。彼は長銀（日本長期信用銀行でバブル崩壊後に巨額の不良債権を抱え1998年に経営破綻）の銀行マンだと自己紹介しました。その双子の姪御さんがすごい美人で中国の人は綺麗だなと思いました。そのうちみんなと仲良くなって、最寄駅も私が当時西武新宿線の沼袋駅で、彼も偶然その先だから皆と一緒に中野で食事をするようになりました。

土屋　不躾ながらどちらが先に惹《ひ》かれたのですか？

高橋　そういうのじゃないのよ（笑）。彼は兵庫県神戸市内の中学を出た後、中国の高校・大学に進学して孫文が創設した広東省の中山大学で教鞭を執り、省都の広州に居を構えていました。その後、通訳の実力を見込まれ長銀本店国際部に引き抜かれ単身赴任でした。奥さんとの仲も良くなくて娘を日本の大学に入学させたかった。私はサニーサイドアップを託した長女がアスリート、特にサッカーのマネージャー業務を始めてメディアから「女社長が……」と叩かれている記事を見るのが嫌で外国に逃避したかった。その時、ヤオハン・インターナショナル・ホールディングスが総本部を香港に設立することになって明華がハンティングされた。それできちっと入籍してついていくことになりました。

土屋　香港での生活は？

高橋　まず香港に3年半と上海に1年半いて、仕事もしないで駐在員の奥さんたちとよく遊んだりしていたね。その間、ちょこちょこ帰国しました。日本人会の人たちとの麻雀で上司の奥さんが大きな手でロンすると褒《ほ》めないとダメで、女の世界ってすごいですね。

土屋　香港と上海で暮らした時に中国の人とも交流がありましたか？

高橋　先述の留学生たちの面倒を見ていたから、その家族の中国のお家に行ったりしました。その人たちとはまだ交流があります。向こうに行くと空港まで迎えに来てくれる。

土屋　中国の人と恵さんは、あまり垣根がないですか？

高橋　全然ない。日本人とおんなじ。そのまた家族ともみんな仲がいい。中国の人って家族や一族が同じマンションに住んだり、みんな仲良くしている。私が行くとすごく大きなテーブルに20人以上が集まって、一緒にご飯を食べる。あ〜また香港に行きたいなぁ。

土屋　当時の中国は全員が貧しく親が食を減らして子どもを留学させる時代でしたね。

高橋　本当にそうですよ。私も30年前に主人と一緒に香港から成田に向かうためにバスに乗り込んだら中国の青年が席を譲ってくれました。飛行機でも偶然3人掛けシートで隣同士になり、「初めての飛行機と外国行きで緊張して吐き気がする」と言って何度もトイレに駆け込んでいました。それなのに私たちにバスの座席を譲ってくれた。彼が「両親は生活がままならないのに僕を日本に留学させてくれたから土日も遊んでいられない。必死で勉強して両親に恩返しがしたい」と言ったのを主人が通訳してくれました。この話を聞いた主人は青年と別れた後にボソッと「日本は負けたな」とつぶやきました。

土屋　今まさにその状態になりました。ご主人がお亡くなりになったのはいつですか？

高橋　5年前です。私、彼の前の奥さんと一緒に義息の再婚式に出席したり麻雀を何度もしました。役満を上がれば手や肩を叩き、主人が亡くなった時も日本に呼んであげたの。明華の2子は実母に「中国のお母さん」、私に「日本のお母さん」と言ってくれます。

土屋　明華さんとはお亡くなりになるまでずっと一緒だったのですか？

高橋　中野でも一緒に暮らしました。でも私はバンバン人を呼ぶ。彼はあまり家に人がいるのを好まないタイプで、自分の部屋で本をいっぱい読んで映画を見ていました。

土屋　私は陳舜臣さんの『耶律楚材《やりつそざい》』（集英社）などを愛読して中国のスケールの大きさに圧倒されました。明華さんと舜臣さんは従兄弟同士ですか？

高橋　明華が従弟です。この前、戸籍が出てきて舜臣さんの名前もありました。私は会ったことがないけど、年中話を聞きました。私との結婚前は舜臣さんと神戸にいることが多く、「あきぼー」「あきぼー」って呼ばれていたみたいです。

土屋　舜臣さんは台湾籍から中国籍に変えた後、天安門事件への抗議から日本籍にしました。明華さんと恵さんは？

高橋　入籍したけど、主人は中国籍で私は日本籍のままです。主人は日本と中国に万が一のことがあればどちらにでも行けるようにしておこうと言いました。

土屋　舜臣さんと明華さんは潁川《えいせん》陳氏の高祖・陳寔《ちんしょく》の末裔《まつえい》です。陳本家は中国河南省潁川から福建省泉州、さらに台湾に移住し、舜臣さんが35代目でした。寔には「梁上《りょうじょう》の君子」という故事があります。寔の家の梁上に泥棒がいたので「人間は元々努力するものだ。不善の人も根っからの悪人ではない。長年の習慣が性格になり悪人になった。梁上の者もその1人だ」と言いました。泥棒はすぐに梁から降りて罪を認めたので「あなたは根っからの悪人に見えない。自分に打ち克ち善に戻りなさい。泥棒になった理由は貧困にある」と言って絹布を与えました。この話で県内に徳が広まり窃盗《せっとう》が消えました。悪をなくすのは罰でなく徳だと。寔の葬儀には国中から3万人が参列したと言われています。シルクロードからインドに向かい、経典などを持って帰還した玄奘三蔵《げんじょうさんぞう》（陳禕《ちんい》）も寔の子孫です。

高橋　いい話ですね。それが明華の祖先とは……。舜臣さんの著書は家に全冊ありました。

見返りを求めないおせっかいリーダーが全国・世界に拡大

土屋　一般社団法人おせっかい協会の設立の経緯は？

高橋　２０１１年3月に東日本大震災が起きて、金の延べ棒や高価な書画、骨董《こっとう》を持っていても地震が来たら持ち出せないのにみんな金品に執着している、大事なものを見失っていると思いました。周りを見渡すと、国内に自殺者が年間2万人超いて、不登校や引きこもりが多く、いじめやパワハラもなくならないし、女性が強くなり男性が弱い。日本が自分勝手や拝金主義に陥っているからではないか、もっと人間の心が通じ合う人たちを増やしていく必要がある、絶対に「おせっかい」が大事だと確信して２０１３年11月1日に中野のシンボル「中野サンプラザ」前の中野サンクォーレタワーで設立しました。

土屋　おせっかい（お節介）と聞くと、いらぬお世話のような印象もありますが。

高橋　私は「誰かのために見返りを求めない思いやりの行動」と捉《とら》えています。

土屋　これまでどんな活動を展開してきましたか？

高橋　本を出版して私の考えを理解してもらったりフォーラムや座談会、婚活イベントなどを開催しました。中野駅北口でのゴミ拾いは毎週日曜日に実施していたのですが、中野

第１回おせっかいフォーラム（2018.8.27）

サンモール商店街が人を雇って始めたので3年前から休止しています。気がついたら会員の数だけ愛が全国に広がりました。ここに「おせっかい協会活動参加覚書」（34頁参照）があります。これを全部守ってくれる人が署名・捺印しているので変な人がいない。支部リーダーとはオンライン会議を行っているので考えが一緒。笑顔で優しくて、みんな「こんないい会はない」って話しています。

土屋　リーダーは47都道府県、固まりましたか？

高橋　まだ固めていない。リーダーは慎重に決めています。ネットワークビジネスをしていないか、みんなの声を聴ける人かどうかSNSなどでしっかりチェックしています。この会は会費も一切なくて、みんな自発的に地元で活動してくれている。私はこういう人たちのためになんとしても綺麗な会にしたい。茨城支部リーダーの永瀬直子さんの手紙（35頁上段参照）を読んでみて。

こういう感動の手紙をいっぱいもらっているの。彼女は北茨城市磯原町で「地魚料理どん」を再婚した旦那さんと一緒に経営していて「何が何でも自分が茨城におせっかいを広げたい」と立候補した。こんなうれしい気持ちが湧き出ることがおせっかいの良さです。

土屋　今年8月に北茨城市の五浦観光ホテル別館大観荘に泊まって天心記念五浦美術館や五浦六角堂などに行ってきました。リアス式海岸で風光明媚《めいび》なところです。

おせっかい協会活動参加覚書

私は、一般社団法人おせっかい協会の活動において、下記のおせっかい理念、精神をもとづき活動することを誓います。

【おせっかい理念】

・営利でなく、心を豊かにすること。
・愛ある「おせっかい」で誰かの役に立つこと。
・利他の心で見返りを求めないこと。
・国籍、学歴、障がい、ジェンダー、職業を超えて助け合うこと。

【おせっかい精神】

・商品やサービス等の営業、勧誘を行いません。
・誹謗中傷、批判をしません。
・互いに助け合い、分かち合い精神で関わります。
・愛のある行動で「おせっかい」を広めます。
・考える前に「即おせっかい」の行動をします。
・誕生日は親に感謝する日とします。
・言ってみる、行ってみる、やってみるの「みるみる精神」を心がけます。
・嫌なことは5秒で忘れ、良いことは5秒で行動します。
・勘定より感情を、知識より情熱を大切にします。
・病院よりも美容院の元気な気持ちを常に持ちます。

茨城支部リーダー 永瀬直子さんの手紙

今から30年前、3カ月の乳児を抱えて離婚しました。神奈川県横浜市での生活はとても苦しく、茨城の実家に戻ることにしました。西区役所で転出届を提出し所得ゼロ非課税証明書をもらうため窓口の職員さんと話をしていたら、年配の女性がいきなり私の手に紙を握らせ『私も離婚して女手ひとつで子どもを育てた。その娘も立派に成人したの。だからあなたも大丈夫よ」と言われました。紙を広げると小さく折られた1万円札でした。後を追いかけても、その女性は見当たりません。見ず知らずの私に温かい言葉をかけ、お金まで。それで粉ミルクを買わせていただきました。苦しい時でしたのでとても助かりました。その時から私も人に温かい言葉がけや愛のパワーを与えていこうと心に決めました。土屋グループ銀座ショールームで恵さんのお話を聴いて共感し、私もおせっかいをしたいと思い、茨城支部のリーダーに立候補させていただきました。私は小さい恵さんになって、おせっかい仲間を増やしていこうと思います。恵さんとのご縁に心から感謝いたします。

元タクシードライバー 木村直秀さんの手紙

私は32歳の脱サラで飲食店を経営してもうまくいかず、挙句の果てに立ち退き詐欺に遭い、多額の借金を抱えて離婚しました。朝8時から夜中3時まで3つの仕事を必死に頑張っていると、思わぬ人から手を差し伸べられ知恵を授かり、4年間で立ち直ることができました。その経験から通信会社を起業、タクシー運転手と二足の草鞋で奮闘していました。2014年9月、六本木で乗車いただいたお客様が恵さんでした。中野までの40分間、世の中の在り方について意気投合し、翌朝ご自宅に招待され私を励ましてくださいました。おかげで翌年8月1日に水産会社の社長にステップアップしました。翌2日、その姿を見届けた母が他界しました。母の亡くなる間際の言葉「朝から晩まで休みなく働いていた頃が一番楽しかった」と恵さんの日々周りの人の幸せのために奔走する姿が重なりました。今はデイサービスを4店舗運営しています。人生が好転した要因は感謝と利他の行動ができるようになったことです。おせっかい精神を教えてくれた恵さんに感謝申し上げます。

高橋　私も行って新鮮な魚料理を堪能してきました。明日も鹿児島のご夫婦が見えます。地方同士で仲良しになれるので、みんな楽しいと言います。元タクシードライバーの木村直秀さんの話（35頁下段参照）も素晴らしい。タクシーに乗って運転手の木村さんに声をかけたら「仕事に失敗した」と言う。「話をしてあげるから来なさい」と言うと翌朝不眠で来た。即速行動。あの人はすごいです。

土屋　お二方とも美談ですね。それと恵さんに対するリスペクトもすごいです。

高橋　職業や国籍などで差別しないでいると多く人を助けられる。おせっかい協会は全国的に広がり、海外からもどんどん入会があるので楽しみです。滋賀リーダーの坂口暁子さんは株式会社ワオナス代表取締役として日本と海外の文化や企業を結んだり、海外での文化交流イベントの事業を展開する中で、インドネシアや台湾の方を紹介してくれました。２人とも日本語が堪能です。今に見ていてください。私も爆発しますから。

土屋　既に爆発しています（笑）。『おせっかい日めくりカレンダー　高橋恵に学ぶ31の言葉』は？

高橋　表紙と裏表紙の写真は２０２３年７月２日に閉館となる中野サンプラザです。サニーサイドアップの創業、おせっかい

おせっかい日めくりカレンダー

協会の設立も中野でした。私がこれまで歩んできた人生で得た大切な言葉を集めています。

土屋　音声ＳＮＳアプリ「Clubhouse（クラブハウス）」も実施中とか？

高橋　私の本を読みたい人が乳飲み子を抱えて１冊ずつ曜日を変えて週９本配信してくれています。それに私が想いを伝える。私は毎朝４時半起床です。充実した81歳でしょ。

土屋　はい。中国・北京出身の文筆家兼写真家の于前《うぜん》さんとは？

高橋　私があるイベントの審査員の時に出場した知人のカメラマンとして同行していました。その時、いい写真を撮ってくれ、家に遊びに来てくるようになって、仲良くしている人。彼女は中国最大のメッセージアプリ「微信」の「視頻号（動画アカウント）」の「魚眼看日本」で「日本の稀有な高齢者」の私を撮ってくれている。登録者は２万５０００人で閲覧数が１０００万回超。それを見た20万人から「いいね」があるようです。視聴者の藍《らん》暁芹《ぎょうきん》さん（ジャーナリスト）は愛ある日本語の手紙と「熊猫日めくり」を贈ってくれました。熊猫とはパンダのことです。

土屋　おせっかい協会で訪中されたとか？

高橋　中国に留学経験がある榎本澄雄さん（元警視庁刑事・神田外語学院講師）と張蓉《ちょうよう》さん（国際意拳会役員・大成学院院長）が２０１８年に上海で私の講演会をセットしてくれたので淮安《わいあん》の周恩来元総理の故居にも足を延ばしました。

経営者や政治家は早く引退し自分の体験談を語って欲しい

土屋　日本の来し方行く末について提言をお願いします。

高橋　今の世の中、経営者も政治家もなんで地位に恋々としがみついているのかと思います。よたよたになってまでしがみついているのは若い人たちに迷惑です。人生は一回限りなのだからこれまで活躍した人たちこそ狭い世界にとどまらないでほしい。中学の同級生の社長が息子さんになかなかポストを譲らなかったら同じ年に奥さんも息子さんも亡くなられました。本人すごいショックで。早く引退してもっと楽しく生きる方法を考えれば良かった。

今は「８０５０問題」といって80代（70代）の親と50代（40代）の引きこもりの子どもが国内に相当いるみたい。それが蔓延したら日本は間違いなく衰退する。これまで功成り名を遂げてきた立派な経歴の人たちは、現状の組織から離れて社会貢献して欲しい。引きこもりや自殺願望の人たちに経験談を話してあげて欲しい。そのことで１人でも２人でも元気になれば、そちらの生き方のほうがよほどいい。自分の経験談を披露すれば生き甲斐も見出せます。

私は40代でおせっかいに出会い、60代で多くの人に囲まれる楽しい生活ができて80代になった。利害関係のある人たちが年をとってギリギリにポストを手放すと人が寄ってこなくてつらいかもしれないので早めに頭を切り替えることです。

お金だけ、自分だけ、今だけという風潮でいたら世の中は良くならない。人間は永遠に生きられないので多くの人を助ければいいのです。私は今夜も高校生10人にオンラインで生き方を教えます。これに資料づくりで協力してくださる方がいるから私は何としても多くの人を元気づけたい。今日の高校生に響いたら彼、彼女たちがおせっかいの輪を広げてくれる。私は燃えているのです。ここでリーダーが頑張ってくれたら一気に広がります。

土屋　明治から大正の初頭に活躍した秋田県の「農聖」、石川理紀之助翁は「（自分が）寝ていて人を起こすことなかれ」の言葉を残しました。彼は疲弊した農家の救済のため毎朝3時に掛け板を打ち鳴らし農民を眠りから覚まして農事に専念させました。吹雪の日に妻が「こんな日に掛け板を打っても誰にも聞こえません」と言うと「この村だけに鳴らしているのではない。500里離れた九州の人々にも、500年後に生まれる人々にも聞こえるように打っているのだ」と述べました。恵さんの活動は全国津々浦々、500年後の人たちにもきっと伝わると思います。

幼稚園からの仲良し５人組のうち在京４人組

高橋　うれしいことを言ってくれますね。理紀之助さんにあやかって頑張らなければ。皆さんお金の切れ目が縁の切れ目、仕事の切れ目で気まずくなると言うでしょ。それはお互いに感情がこもっていないからよ。私なんか幼稚園時代の同級生を「仲良し5人組」と呼んで75年間全く喧嘩もしないで仲良く続いている。それはおせっかい同士だからです。

土屋　日本と中国はどうしたら仲良くなれるでしょうか？

高橋　日本テレビ「笑点」が元ネタの「18歳と81歳の違い」がはやっているでしょ。「道路を暴走するのが18歳、逆走するのが81歳」「心がもろいのが18歳、骨がもろいのが81歳」「恋に溺れるのが18歳、風呂で溺れるのが81歳」……。私は81歳だからよく使う。日中間でビジネスをしている人たちも相手の機嫌を取ったり、あの手この手で関係が上手くいくように考えている。その点、外交だと政治家も外交官も自国のトップの顔色をうかがい、メンツばかりを大事にして、しかめっ面で対応しているから上手くいかないのです。

土屋　なるほど。私が三男の幼稚園のＰＴＡ会長の時、副会長として支えてくれた恩田篤さん（公務員）からは「会議でも特定の人にでも深刻な話はできるだけ笑顔で言ったほうが効果がありますよ」と教わりました。その後、余裕がある時はそう努めています。

高橋　ほんとそうね。深刻にならないで笑って相手に言えば共鳴し合えることでしょう。私は愛ある「おせっかい」と「笑い」で日本と中国、そして世界を幸せにしていきます。

第2章 「就籍」で中国残留孤児1250人の国籍取得

河合弘之　中国残留孤児の国籍取得を支援する会会長
さくら共同法律事務所所長弁護士

1944年、旧満州国新京市（現・中国長春市）生まれ。1967年、東京大学法学部在学中に司法試験合格。1968年、東京大学法学部卒業。1970年、弁護士登録。さくら共同法律事務所所長。ビジネス事件から巨大汚職事件などで注目され「逆襲弁護士」の異名を持つ。中国とフィリピンの残留邦人の国籍回復に長年尽力。脱原発訴訟にも関わる。映画監督としても活躍。

1981年11月22日付朝日新聞夕刊「中国孤児の徐明さん母子」「祖国の年の瀬 肌寒く」「『まぶたの父』は別人だった」の見出しと記事を読んだ河合弘之弁護士は「徐明さんを救う会」に「就籍」での日本国籍取得を提案。徐明さん（現・池田澄江さん）は東京家裁申立でビザ延長、翌年5月31日に就籍許可を得た。「中国残留孤児の国籍取得を支援する会」会長となった河合弁護士は池田さんを職員に雇い就籍で1250人超の国籍を取得。後方支援した国賠訴訟では「新施策」で金銭的な保証を得る。河合弁護士はNPO法人中国帰国者・日中友好の会や中国残留孤児の家を設立し残留孤児の心のケアにも努めている。

イソ弁時代に各所を飛び回り事務所にいなさいと叱られる

土屋　河合先生は2021年11月13日、千葉・大網の第133回ねっと99夢フォーラムで中国残留孤児の国籍取得支援について講演されました。

河合　こういった継続力、持続力がある勉強会は全国広しといえどもほかに例を見ません。会場で主催者の大里綜合管理株式会社は約300の社会貢献活動に取り組み、内閣府特命担当大臣賞、地方創生大臣賞、千葉県奨励賞などを受賞し、テレビ東京「カンブリア宮殿」などにも出演しています。会長の野老真理子さんの力量だと思いました。

土屋　司法修習修了後、後に最高裁判事になられた大野正男弁護士の虎ノ門法律事務所に入所されたのですね。私は2006年10月、青山葬儀場でのお別れの会に参列しました。作家の山崎豊子さんは大阪から車椅子で駆けつけ、故人に弔辞を述べました。『文藝春秋』で外務省機密漏洩《ろうえい》事件の「運命の人」（後に文藝春秋社から『運命の人』として刊行）を執筆中で、「青年のように真っ直ぐな弁護士の大野先生から裁判記録を入手したことで小説に取り組めた」という内容だったと思います。大野先生は若い河合先生にどんな指導や助言をされたか、思い出深いシーンや言葉などがあればお願いします。

第133回ねっと99夢フォーラム（2021.11.13）

河合　僕は大野先生の部下として、イソ弁（居候ながら報酬を得るアソシエイト弁護士）でも模範的ではなかったです。当時新左翼の事件を中心に外を飛び回っていて毎日のように逮捕された学生や運動家の人たちと接見したりしていてろくに事務所にいませんでした。事務所が担当している事件そっちのけだったので、「イソ弁というのは『Useful at hand』でなきゃいけないんだ」と注意されました。用事があるときにちゃんと事務所にいなさいということです。それで僕が「給料いりませんから今のままで働かせてください」と言ったら先輩の弁護士から「何を言うか。ちゃんと事務所にいなさい」と叱《しか》られました。

大野先生からは「僕とは違うけど、まあ頑張んなさい」という感じで、逆に給料を増額されました。それが1年目の終わり頃です。当時の弁護士は机の前に座っていて依頼者が来所したら話を進めていくというオールドタイプでした。僕は依頼者から話があったら飛び込んでいくタイプです。結局2年目の終わりに申し訳ないけど独立しました。それに対して大野先生のはなむけの言葉が「君は新しいタイプの弁護士かもしれない。君のようなタイプの弁護士がいてもいいかもしれない」でした。

土屋　大野先生はこだわりのない多様性を認める方ですね。

河合　そうです。基本的にリベラリストです。ただし、仕事のスタイルが違いました。

土屋　大野先生は父親が大蔵省時代に冤罪《えんざい》で逮捕されたことで弁護士になったと聞きまし

た。河合先生が弁護士を目指した動機は？

河合　父から「サラリーマンはつまらんぞ。歯車の一つだから」と言われました。父は僕が弁護士になることを暗に望んでいたのでしょう。僕も確かに人に使われるタイプじゃないから会社勤めや役人には向いていないと思っていました。それから自分で言うのもなんですが割と正義感が強いほうだし権力には迎合しないタイプだから弁護士になりました。

土屋　母方のお祖父さんは軍医でしたね。

河合　よくご存じですね。母方の先祖の下間《しもつま》氏は親鸞《しんらん》に傾倒したことで蓮如から姓を下賜《かし》され、織田信長との石山合戦で10年にわたり転戦して門徒を指導したりしました。

家族を救った父親の賢い嘘

土屋　河合先生は旧満州国（現・中国東北部）でお生まれですが当時の暮らしぶりは？

河合　父は満州電業に新卒で入社し、総務局文書係に配属されました。僕は1944年4月18日、敗戦の前年に国都（首都）の新京市（現・長春市）で生まれ、長男ということですごく可愛がられたそうです。社宅は電業住宅といって広い庭があり立派な造りの平屋に住んでいました。電気は使い放題で電気冷蔵庫はあるし、風呂も電気沸かしでした。父は

「生涯で一番豊かで贅沢《ぜいたく》な生活だった」と往時を振り返る度に話しました。

土屋　亡き妻の父親は旧満州国の生まれで「國満」と言います。その父親も満鉄の関係で生活が豊かだったようですが、戦後の引き揚げ船にようやく乗り込めたものの船中にて栄養失調で亡くなりました。祖国の土を踏んだ義祖母は一家の大黒柱を失い3児を連れて這々《ほうほう》の体《てい》で広島県福山市内の素封家の実家に身を寄せるため里帰りしました。すると、義兄から「敷居を跨《また》ぐな」と追い返され、一家は塗炭の苦しみを味わったと聞いています。

河合　それは大変でしたね。

土屋　ご両親は中国や中国の人をどう言っておりましたか?

河合　僕が大学卒業後、父に「満州建国は中国への侵略だったね?」と質したら「そんなことあらへん。わしは満人にいつも親切やった」と反論しました。母は「日本人は満州で結構悪いことをしたのだよ。軍人が人力車に乗って目的地に着いて代金を求められて『うるさい』とぶん殴って、支払いを踏み倒して去って行くのを何度も見た」と言いました。

土屋　河合先生のお父さんは召集されなくてよかったですね。

河合　本当にそうです。運命の分かれ道を前に機転が利いたのでしょう。僕は「賢い嘘《うそ》」と言っています。以下は父母から聞いた話です。敗戦前に戦局がどんどん悪化して、大勢の男性が公園に集められ、「第1乙種以上は前に出ろ」と言われた時、第1乙種の父は何か嫌な感じがして前に出るのを躊躇《ちゅうちょ》したようです。正直に歩み出ていたら関東軍に編入される「根こそぎ召集」でした。

戦時国際法で兵隊は捕虜にしてもいいとなっていて、1945年8月9日に侵攻してきたソ連（現・ロシアなど）軍がシベリアに連行して過酷な労働を強いたと思います。私の父は民間人に留まったので連れて行かれないですみました。もし父不在で母1人であれば4児を抱えて引き揚げ船までの1年間を生き延びるのも至難で、乗船できなかったかもしれません。そうすると体力がない子どもは死ぬので中国人に預けられた可能性が大です。

土屋　敗戦後も社宅に住めたのですね。

河合　私たちは大丈夫でしたが、同胞でもソ満国境から逃げてきた人たちは収容所のような小学校の講堂や教室などで暮らし、寒さや栄養失調、病気で亡くなったり苦しんだりした人が多かったようです。開拓団の若い女性がソ連兵に暴行された話もあって、母は一時頭を丸刈りにしたと聞きました。ソ連兵が社宅に来た時は屋根裏に隠れ、応対した父によるとソ連兵は腕にいくつも時計をはめていて、さらに要求するので渡すと嬉しそうに立ち去ったようです。僕は家に閉じこもって外歩きも日光浴もしなかったのでビタミンDが欠乏して骨軟化症のくる病になりました。この病気はO脚に変形するといい、短躯《たんく》でガニ股なのはこの時の影響だと思います。

土屋　引き揚げ時の様子は？

河合　両親の話によると、迎えの引揚船が来るとの知らせがあり急いで身支度をしたようです。母は1歳の弟を背中にくくりつけ、僕を抱きかかえ、姉2人は荷物を持って、父は大きな荷物を担ぎ、みんな歩いて新京駅に向かい、トロッコのような天井がない貨車に乗り込みました。満鉄の連京線で南下し、奉天（現・瀋陽《しんよう》）を経て、日本人が引き揚げる出港地の遼寧省の港湾都市、葫蘆島《ころとう》にたどり着きました。ここでしばらく滞在し、引揚船に乗った直後に母が背中の帯をほどくと、弟が亡くなっていたそうです。

土屋　ご子息を失ったお母さんはつらかったでしょうね。

河合　生きるのに必死の極限状態で涙も出なかったと言っていました。それに僕が続いて亡くなったら「自分も生きている甲斐がない」というぐらい思いつめていたそうです。

土屋　河合先生が長男ということもあったのでしょうね。

河合　そうそう。当時は男尊女卑で長子主義だからね。後年、その話を一緒に聞いた2人の姉が「私たちのことはどうでもよかったの？」と言って怒っていました。

土屋　引揚船が来たのは敗戦から約1年後で、しかもアメリカの手配ですね。当時の日本政府の対応はどうでしたか？

河合　日本政府が最初に発した外電は「外地ノ居留民ハ　外地ニ留マレ　自立セヨ」でし

た。当時は内地の人でさえ飯が食えないであえいでいるような状況で帰国されても困るということです。引揚船は来たけど、中国残留孤児たちを残しました。大混乱でしょうがなかったからという言い訳は戦後すぐなら通用したとしても、朝鮮戦争の特需で好景気となり国も富んできたのに何十年もほっておいたからね。僕はそれは「棄民」だと思う。

土屋　忘れられた存在ですね。

河合　そうそう。本当に酷い話です。

土屋　帰国後のことをご両親はなんと言われましたか？

河合　戦後は生き延びるのも精一杯でした。私の父は旧満州で高給サラリーマンだったのに、帰国後、靴屋やホテル、土建会社などいろんなところで働いて転職も重ねながらなんとか我が家の糊口を凌ぎました。１９５２年9月16日に国の特殊会社として電源開発株式会社が設立された時、旧満電の社員に一斉に招集がかかって、父も入社がかないました。

土屋　それで上京されたのですか？

河合　東京転居後に話がありました。

徐明さんを支援する会に「就籍」中立で支援を約束

土屋　50年前の1972年9月29日の日中国交正常化を河合先生はどう思いましたか？

河合　当時は弁護士に成り立てで、日本と中国が国交回復して良かったなぐらいでした。後で戦後の日中関係を調べると紆余《うよ》曲折が分かりました。大戦末期の混乱の中で邦人155万人のうち24万人余の死亡者を出した。その多くは老幼婦女子。1946年5月以降に集団帰国が推進され約127万人が引き揚げた。1949年10月に中国共産党の国家が成立し、対米追従を明確にしていく日本政府を拒否して集団引き揚げが中断された。1953年3月に成立した「日本人居留民帰国問題に関する共同コミュニケ」によって残留婦人の里帰りなどが実施され3万人が帰国。1958年5月に右翼青年が中国の五星紅旗を引きずり降ろした長崎国旗事件を機に日中交流が断絶し、集団引き揚げも途絶えた。その後、残留孤児の問題が浮かび上がったのは、1972年の日中国交正常化後のことです。

土屋　河合先生は1981年11月22日の朝日新聞夕刊の見出し「中国孤児の徐明さん母子」「祖国の年の瀬　肌寒く」「『まぶたの父』は別人だった」にすぐ反応されました。

河合　当時、中国残留孤児は肉親が判明しないと帰国できませんでした。「徐明さんは北海道に名乗り出た人がいたから3児を連れて帰国したのに血液検査で他人と判明し、翌月に強制送還されるかもしれない」と書いてあり、あまりに気の毒で、なんとかしてあげたいと思ってスイッチが入りました。

記事の末尾に「徐明さんを支援する会」の連絡先が載っていて、電話すると事務局長の千野誠治さんが出ました。千野さんは戦前に満蒙開拓青少年義勇隊で渡満し、現地召集され、シベリア抑留体験があるので残留孤児の気持ちがよく分かります。「満州がオレのすべての原点」と言うのも、理想に燃えた開拓が実は侵略だったという事実と、ソ連侵攻後に見た逃げ惑う開拓団の女性や子どもたちの姿を見て使命感が湧《わ》いたのでしょう。

僕は弁護士を名乗り、「徐明さんの強制送還を絶対に阻止《そし》しなければいけない。僕がやります」と言いました。それからです、中国残留孤児の問題にどっぷり取り組んだのは。

支援活動のリーダーは朝日新聞で徐さんの記事を書いた菅原幸助さんでした。この方はソ連が参戦した日に憲兵に任官し、邦人避難列車の護衛を担当しながら満州国を脱出するに至り、庄内日報社を経て朝日新聞社の記者になりました。残留孤児問題に熱心に取り組んでいて、僕は正式に弁護を依頼されました。

土屋　河合先生は「訴訟」でなく「就籍」で攻めたのですね。

河合　徐明さんが国籍を取得する方法は二つありました。一つは国相手に国籍確認訴訟という方法です。これは勝訴して確定すれば一番いいのですが、最高裁まで行って5年から10年かかり、わざわざ困難な道を選ぶことになります。もう一つは「就籍」という方法です。これは戸籍法と家事事件手続法に根拠があり、日本国籍がありながら戸籍がない人に、それを与える法律です。その人が日本人男性の嫡出子《ちゃくしゅつし》と立証すればいいのです。その手続きには申立人がいて、その申し立てが法律と道理に適うか家裁が判断します。相手方（対立者）がいない、いわば大岡裁きのように一方的に裁いてもらえます。家裁は「愛の裁判所」とも言われていて、この手続きにしようと思いました。一種のコロンブスの卵です。

徐さんは中国の公証処発行の「日本人孤児証明書」を持っていました。それは地域の公証人が「いろんな証言や書類から日本人の子どもに間違いない」というものです。それを持って1982年1月、東京家裁に「就籍許可申立」を出しました。この孤児証明書は手書きでポンと判子を押したような書類なので、家裁から「これでは不十分です。その公証処が確かな役所で、間違いない書類だということを証明してください」と言われました。

そこで東京・港区元麻布の中国大使館にお墨付きをもらいに行くと、大使館の一等書記官が怪訝《けげん》な顔をして「なぜ中国政府が『中国の役所は信用できますよ』と証明しなければいけないのですか？」と言って取り合ってくれませんでした。僕は手ぶらで帰るわけにいかないので粘って事情を話して、なんとか証明書を出してもらいました。

当時は1972年の国交正常化からまだ10年で、残留孤児の身元調査のための公開調査が進められていました。就籍という方法で残留孤児の戸籍を作る手続きは初めてだっただけに家裁が慎重でした。ようやく審判で許可が下りたのは5月31日です。徐さんは日本名が今村明子になって強制送還を免れたから大喜びでした。

「就籍」で中国残留孤児1250人が国籍取得

土屋　日本の国籍を取得できてよかったですね。

河合　彼女は中国では教師をしていてとても優秀な人だけど、日本で掃除や皿洗いなどいろんな仕事に就いてもなかなか上手くいきませんでした。日本語が話せないからです。それでも頑張って中国に残していた旦那さんを日本に呼び寄せました。

1987年に「僕の事務所で『日本国籍取得サポート』の仕事を担当しないか？　まだあなたに続く国籍取得が数千人いるから」と言いました。彼女も喜んで応じたので職員として採用しました。彼女は「陳述書」を出すために中国語しかできない帰国者に電話で聞いたり訪ねて、手続きに必要な書類を揃えました。自分の国籍が取得できたから満足ではなく、今後の人のために全身全霊を傾けてくれたので、帰国者の就籍の依頼が次々持ち込まれるようになりました。だけど就籍の手続きにはお金がかかります。初めは義侠心《ぎきょうしん》に駆られて手弁当でやっていたけど、そのうちほかからお金を工面する必要が出てきました。法務省に掛け合うと、対応した女性の課長が「本省が直接個人に補助金を出すのは無理ですよ」と笑って答えました。日弁連の財団法人法律扶助協会（現・独立行政法人日本司法支援センター）に行くと「財団法人日本船舶振興会（現・公益財団法人日本財団）に行ってみてはどうでしょう」と紹介されました。早速、足を運ぶと「海外にいる邦人を助けるのが私たちの使命の1つです。支援するので頑張ってください」と快く引き受けてくれました。これで就籍1件につき事務費が賄えるお金が支給され、とても助かりました。

土屋　「中国残留日本人孤児を支援する会」を旗揚げした経緯は？

河合　徐さんの就籍による国籍取得が全ての原点です。松本斗機雄（中国名・趙殿有）さんが九州の角田武尚さんに代理人になってもらい、中国にいながら国籍を取得したのも大きかった。次は身元が判明しなくて戻れない人を、中国で国籍を取得して帰国させようとして、支援する会が正式に発足しました。

土屋　中国残留孤児の日本国籍取得に25年も要したのは？

河合　残留孤児を呼び戻すことについてもっと大がかりに一気にドンとやるべきでした。でも、それだと厚生省（現・厚労省）が大変だからホースを細くした。彼らが仕事をパンクさせないように徐々に進めていったから時間がかかったのだと思います。

土屋　ある時期から厚生省の対応もだいぶ変わったとか？

河合　厚生省援護局では「孤児は日本国籍があるのですか？　我々は日本国籍のない人に

お金は出せません。この援護局は旧軍人とその家族のためのもので、孤児はあなた方個人の問題でしょう」という突っぱねたような冷たい対応でした。その役所が「残留孤児を呼び寄せるだけでなく、国籍を取得させなければ救済にならない」と考えるようになりました。でも、自ら代理人になることはできません。既成の「堅固な行政システム」と「行政の民事不介入の原則」があるからです。厚生省も大蔵（現・財務）当局の理解を得て、事務に協力してくれていた法律扶助協会に委託費を出してくれるようになりました。

土屋　残留孤児の帰国時のオリエンテーションで河合先生の通訳を務めるなど就籍で獅子《しし》奮迅《ふんじん》の活躍をした今村さんが、本名を名乗れるようになりましたね。

河合　そうです。東京・代々木のオリンピック記念青少年総合センター（現・独立行政法人国立青少年教育振興機構）で残留孤児の肉親調査をしていました。説明会が終わって僕が帰った後、彼女は奥のカフェでパンを食べていたそうです。その時、「ここに座っていいですか?」と声をかけてきた女性2人から「あなたは中国語が上手ですね」と言われた。今村さんと2人は「私は残留孤児でした」「私たちの妹も50年前に中国に残されたのです」「妹さんは中国のどこですか?」「黒竜江省の牡丹江市です」「私も牡丹江市です」と会話が弾んだ。2人が「地図で当時の状況を描けますか?」と質問し、今村さんがちゃんと描けたから「あなた、私たちの妹かもしれない」ということになりました。

翌朝、事務所で彼女が報告に来たので「ＤＮＡ鑑定をしたらいい」と勧めました。当時はＤＮＡ鑑定に30万円ぐらいかかり、その結果も1年5カ月要しました。１９９６年7月に「99・９９９％姉妹です」と出て、51年ぶりに本名「池田澄江」を名乗ることができました。ドラマのような展開です。その後、残留孤児の国籍取得は１２５０人超になりました。もし訴訟を選択していれば一件一件にもっと長い歳月を要したと思います。

「国の2義務違反」を根拠に国賠訴訟 第1次安倍政権「新施策」を政治決断

土屋　残留孤児の帰国後のフォロー体制は？

河合　日本語を4カ月学んだ後、社会に飛び出していきます。当時は日本語が少々不自由でも稼げる仕事はいっぱいあるということで、「自立定着促進」が厚生省の方針でした。僕も今から考えると軽薄で、残留孤児たちに「自立しよう」とかなり偉そうに言いました。でも、40、50代で帰国し、日本語ができなくて、自立定着と言われてもなかなか難しい。日本政府も本当は2年ぐらいじっくりかけて、日本語の教育をするべきだった。バブル経済が崩壊して長引く不況下で仕事を見つけられず、どんどん生活保護を受給するようになった。その率は帰国者の7割超です。老後の生活保障などを求めて、国会請願のための署名を10万人も集めたにもかかわらず、2001年8月ににべもなく不採択になりました。孤児たちは冷たい祖国に対して絶望と怒りが爆発しました。誰かが「国家賠償請求の裁判を起こそう」と言い出して、菅原さんや池田さんが弁護士を探すことになりました。

土屋　その裁判に河合先生が関わらなかったのは？

河合　僕は彼らには国籍の取得が重要だと思っていました。日本で国籍がないと結婚もできなければ会社も採用してくれないので社会生活が営めません。その活動を途中から厚生省と組んで取り組みました。厚生省が日本に帰国させた人を僕のところで就籍させるという共同作業者です。そこと敵対するのは難しいなという判断でした。それと国相手で当時の僕の力量に余る大訴訟だから勝てる自信がなかった。菅原さんと池田さんは僕が推薦した弁護士の小野寺利孝さんを訪ねました。すると「こんなのほっとけない」となってすぐに担当してくれました。彼は全国に弁護士ネットワークを持っていて、政策形成訴訟（個別の当事者の紛争を処理するだけでなく、被害者が国の政策を問い、新たな政策作りを求めることで、司法が国の政策を動かすような訴訟のこと）を展開することができました。

土屋　「国の2つの義務違反」については？

河合　弁護団の幹事長的な役割を担った弁護士の安原幸彦さんの力量で論点がまとめられました。日中国交正常化後、速やかに帰国の措置を執らなかった「早期帰国実現義務違反」と、やっとの思いで帰国した人たちをきちんと自立できるように支援してこなかった「自立支援義務違反」、この2つを訴訟の根拠としました。

土屋　強力な弁護団の体制が整うと、池田さんもさらに活躍しましたね。

河合　小野寺さんの組織化の命を受け、池田さんは全国を回って電話をかけて600人以上の原告を集めました。僕の下で1000人以上の国籍を取得した実績と信頼が大きな伏線となりました。2002年12月、東京地裁に提訴し、池田さんは原告団全国連絡会代表を務めました。その間、彼女に給料を払って生活を支え、原告団事務所の賃貸料も僕が負担しました。その裁判を手掛けられないことで経済支援という裏方を担ったわけです。

土屋　組織化と裁判の行方は？

河合　国賠訴訟には帰国者の9割の約2200人が原告として提訴し、全国15地域で係争しました。2006年に神戸地裁で勝ち、翌2007年の東京地裁ほかで負けました。東京地裁の判決は差別的な内容で、朝日新聞だけでなく全てのメディアが「酷い判決」と同情的な報道をしてくれました。それもあってか与党PT（プロジェクトチーム／当時）座長の野田毅衆院議員と座長代理の漆原良夫衆院議員、事務局長の中谷元衆院議員が第1次安倍晋三政権に働きかけ、「日本人として尊厳が持てる措置を講じる」ことを約束してくれました。安倍首相（当時）も「司法が救わないのであれば政治が救う」と言ってくれました。僕は安倍元首相の、官邸主導で役所から人事権を奪って強権で有無も言わせない、反対派との間で分断政治を行うやり方は気に食わないけど、あの時は立派だったと思います。その結果、「新施策」が決まりました。生活保護のように車を持ってはいけないとかうるさく言わないで、金額的にも生活保護の1・5倍程度になった。最近、野田元衆院議員と会って話をしましたが、志が高く立派な政治家で引退が惜しまれます。

土屋　中国残留孤児の問題にも詳しい朝日新聞社記者の大久保真紀さんが「ザ・コラム」で「ドミニカ移民　小泉談話の持つ力」という記事を書いていました。要約は次の通りです。「『18ヘクタールの優良農地を無償譲渡する』という日本政府の募集に大規模農業を夢見た人たちが新天地に向かったが、待っていたのは石ころの山、塩の砂漠、乾燥した荒れ地だった。『話が違う』と言っても無視し続けた日本政府に対し、移住者たちは2000年に損害賠償を求めて提訴した。2006年6月の東京地裁判決は、国の責任を全面的に認める一方で、20年の除斥期間の経過によって請求権は消滅したとして棄却。だが、政治が動く。判決内容を聞いた当時の小泉純一郎首相は国の謝罪を閣議決定、最高200万円の見舞金の支給を決めた。原告は控訴を取り下げた。その裏に自民党参院議員の尾辻秀久元厚労相の存在がある。現地にも足を運び、裁判を傍聴し、移住者を支援した。首相談話を出す際、『謝るならきちんと謝って下さい』と言うと、小泉首相が応じた。歯牙《しが》にもかけなかった現地の大使館や国際協力機構（ＪＩＣＡ）事務所の対応が１８０度転換。政治家が方向性を打ち出さない限り、官僚は動かない。それが日本の現実なのだ」

河合　「政治家が方向性を打ち出さない限り、官僚は動かない。それが日本の現実」というのは残念ながらその通りです。朝日新聞社の大久保記者はよく存じ上げています。

土屋　池田さんは『日本人の忘れもの　フィリピンと中国の残留邦人』（游学社）の中で「私はさくら共同法律事務所が大好きなんです。自分の日本での命をつないでくれた場所だから」と述べています。

河合　へーっ、そんなことを言っていたんだ。過大評価ですけどね。

土屋　お上が全ての中国で生きてきた池田さんたちはよく日本国と戦ったと思います。

河合　そういう恐怖感を残留孤児はいっぱい持っている。国と戦うという怖ろしいことが日本では許される、自由主義国家とはこういうことなのかと明確に分かったと思います。

言葉の壁で社会に入れない残留孤児たちの「家」を設立

土屋　残留孤児の中国人養父母たちの反応は？

河合　中国は共産主義と言いながら家父長社会で子どもが親の面倒を見るのが当たり前と

いう考えです。養父母は子どもが日本人であることを隠して必死で育てたのだから老後の面倒を見てもらいたいと思っています。「帰国する」と言ったら「それはないだろう」となる場合もあって、それに反応して日本への帰国を断念した人も少なからずいます。でも、養父母は基本的に非常に寛容です。だから日本に帰国した残留孤児たちはせっせと養父母に仕送りをしました。中国人というのは大したものだと思います。

日本政府も養父母に15年分の補助金を一時金で出しています。しかし一度に使ったらお終いだし、制度設計時と貨幣価値も変わってしまっている。中には身寄りがなく亡き夫の年金の１カ月１０００円程度で生活して暖房費も払えないという養母もいたようです。その辺の話は寺川通雄さんが詳しく教えてくれました。彼は小学４年生の時に満州で終戦を迎え、家族と離ればなれになり、中国人に育てられた後、１９５３年に引き揚げました。父親は現地召集で戦死、姉と弟も現地で死亡し、母親と妹さんが１９８８年に帰国しました。孤児同然の体験から帰国後、何度も訪中して、残留孤児の保証人や身元引受人になるなど精力的にこの問題に取り組んできた人です。

土屋　寺川さんもご苦労なさったのですね。会報『就友』について教えてください。

河合　支援する会設立から4年後の１９８８年の1月に会報『就友』第1号を発行しました。事務局長の千野さんが就籍中立など法律業務以外の日常的な生活相談、住居問題、揉《も》めごと解決など一手に引き受ける中で、会報発行の要望が多く寄せられました。残留孤児相互の励まし合い、情報交換、日本の風俗習慣を正しく知ってもらい、自立への自覚を促すことが大事と考えて発行に踏み切りました。「就友」は「就籍が縁でできた友だち」の意です。記事は日中両国語で書いているので残留孤児たちの日本語の勉強になりました。

土屋　東京都あきる野市菅生の西多摩霊園には帰国者のお墓がありますね。

河合　日本の墓は安くても100万円や200万円と高額です。でもそんなお金、残留孤児にはありません。だから火葬して骨壺《こつつぼ》をテレビの上に置いたり、押し入れにしまったりしていました。それだと故人も成仏できません。中国残留孤児の集団墓地を造営しようと思い立った時、たまたま西多摩霊園に僕の両親と妻の両親のために広い区画を買っていたのです。でも当時まだ4人とも健在だったので、これをそっくり寄付しました。墓石は僕の顧問先の宮川石材株式会社が破格値で提供してくれました。碑銘は千野さんが海部俊樹首相（当時）に頼んだら「中国残留孤児之墓　内閣総理大臣　海部俊樹」と揮毫《きごう》してくれ、1990年6月17日に除幕式を行いました。今は墓石の地下に250人が眠っています。中には帰国して成功した2世が自分で墓地を買って遺骨を引き取りに来た例もあります。「落葉帰根」という言葉の意味は「落ち葉が根元に帰るように人間も死んだら故郷に帰る」ですが、残留孤児にピッタリと思っています。

土屋　「まんしゅう地蔵」と「まんしゅう母子地蔵」については？

河合　西多摩霊園の墓石の脇にある「まんしゅう地蔵」は日本で亡くなった孤児だけでなく、中国で幼くして逝《い》った孤児の霊を慰めるため1995年11月19日に建立しました。「まんしゅう母子地蔵」は身元未判明の残留孤児には亡くなった両親（実父母）の墓がないので「父母を偲ぶよすがが欲しい」「中国で亡くなった孤児の霊を慰めたい」という切実な要望に応えました。東京・浅草の浅草寺のご厚意で敷地内に1997年4月12日建てることができて良かったです。こちらは引き揚げ経験がある漫画家ちばてつやさんのデザインです。同じく漫画家の赤塚不二夫さんは資金集めに協力してくれました。

土屋　中国に「中国養父母感謝の碑」を建立された経緯は？

河合　残留孤児たちの「国籍が取得できた」「日本に帰国できた」という喜びの陰に、長年育ててくれた養父母たちの存在があります。敵国の落とし子を優しく実子同様に育ててくれた養父母への感謝の気持ちを現す必要を痛感していました。千野さんと大阪中国帰国者センター理事長の竹川英幸さんが中国に赴き、瀋陽市柳条湖に新設される「九・一八歴史記念館」での設置に漕ぎ着けてくれました。こちらもちばてつやさんのデザインです。慈愛に満ちた目で孤児を見つめる養父母とそれを見上げる孤児という構図は来館者の心を打ちます。寄付は日本全国の1400人から1000万円弱が集まりました。多くの人々の善意と志の成果です。除幕式は1999年8月20日に日中政府関係者、日本のボランティア、残留孤児、養父母ら200人近い参加を得て盛大に行われました。

土屋 2000年3月に完成した『中国残留孤児国籍取得1000人達成の記録』(中国残留孤児の国籍取得を支援する会)の冊子はすごくよくまとまっていますね。

河合 これを見れば支援する会の全容が分かるようにまとめたつもりです。

土屋 NPO法人中国帰国者・日中友好の会や中国残留孤児の家については?

河合 「人はパンのみで生きるにあらず」でお金だけではみんなが幸せになれません。彼らのほとんどが齢を重ねての帰国で話せるのは中国語だけ。日本語をマスターしていなくて地域に溶け込めないから団地の集会に参加してもしょうがない。相手も「ニイハオ」ぐらいしか返せない。家族とも言葉の壁や幼い時に一緒の生活体験がないので共通の思い出話がなくてなかなか上手くいかない。経済的に何とかなったとしても心の問題が大きいと確信しました。それで同じ境遇の残留孤児たちが励まし慰め合いながら暮らしていける場所、常に仲間に会える拠り所、「家」を2008年5月13日に創設しました。持続性確保のためにNPO法人中国帰国者・日中友好の会も同年9月30日に設立しました。

中国残留孤児の家(1階と地階)

土屋　場所はどちらですか？

河合　家賃が廉価で広いところを探すために不動産会社などを歩いて回ったら御徒町で物件を見つけました。ただ建築資材置き場みたいで汚なくて天井がフアフアしていて落ちてきたらケガ人が出て大変なので「僕の顧問先の内装会社に直してもらうよ」と言ったら孤児の人たちが血相変えて「先生にはこれ以上迷惑をかけられない。自分たちで行います。信用してくれないのですか？」と言って泣いて怒るので「そこまで言うならやってみなさい」と言ったら建築会社を経営している高橋さん一家を中心にみんなで取り組んで完成しました。極端に安く仕上げたので見栄えはそうでもないけどみんなで使えるようにしてくれました。

土屋　最初の場所は立ち退きになりましたね。

河合　よく知っていますね。５年ぐらいしたらビルのオーナーから「取り壊すから出て行って欲しい」と言われた。僕が「ここは中国残留孤児の帰国者が日本語を勉強したり餃子《ぎょうざ》を作ったりしているから追い出さないで欲しい」とお願いしたら感動してくれて「実は自分も朝鮮から渡ってきて苦労してなんとか成功することができたから気持ちはすごくよく分かる。このビルは解体するので出て行ってもらわなければいけないけど、近くにもう１棟ビルを持っているからそこを使ってくれたらいい。家賃はうんと安くするから」と言われて移転しました。僕のモットーは「本気ですれば大抵のことができる　本気ですれば何でもおもしろい　本気でしていると誰かが助けてくれる」ですが、まさにその通りになりました。

土屋　資料の随所に出てきますが、いい言葉ですね。

河合　長野県上田市の安楽寺に掲げてあっていいなと思って使わせてもらっています。

土屋　正義感を持ちリベラルだったお母さんは残留孤児の問題をどう言いましたか？

河合　母に僕が残留孤児支援の運動を始めたことを伝えたら「中国人は心が優しいのだよ。侵略国の子どもを預かってちゃんと育てるなんて、普通できないことだよ。支援活動を頑張りなさい」と言ってくれました。母は中国人に対してすごくいい感情を抱いていました。その母は日米安保闘争の時もデモに参加したり、ロカビリーの山下敬二郎や平尾昌晃の公演に僕を連れて行ったりぶっ飛んでいる。父よりもずっとリベラルでした。

隣の大国と仲良くしないで
どこの国と仲良くするのか

土屋　中国残留孤児支援に1981年末から41年以上携わり、振り返ってどうですか？

河合　残留孤児の皆さんになにがしかの貢献と、僕の人生を貫く仕事、ライフワークとしてできたことは幸いでした。もしそれをしなかったら彼らとの人間的なつながりもなかったので、本当にこの仕事ができてよかったと思います。僕からするとみんなが感謝しすぎなぐらい喜んでくれるのでやりがいがありました。今でも毎年、僕のためにみんなが誕生日祝いを催してくれます。それも残留孤児が頑張って開いた中華料理店や、ここ数年は御徒町の中国残留孤児の家で餃子や手作りの料理がてんこ盛りです。

土屋　２０２２年9月に日中国交正常化50周年を迎えましたが、両国首脳が3年ほど会わなくて祝賀ムードが盛り上がりませんでした。今後の日中関係の提言をお願いします。

河合　基本的に言うと、「隣の大国と仲良くしないでどこの国と仲良くするのか？」と思います。中国は膨張主義とかいろんな問題があるけど、やはり近くの国と仲良くしないと平和や安全や発展はありません。だから僕は反中、嫌韓なんてとんでもない発想だと思います。例えば遠いデンマークとすごく仲良くしてもしょうがないですよね。近くの国と仲良く敵対的な雰囲気でないようにしておかないとロシアとウクライナのように、再び戦端を開くことになってしまいます。だからこそ中国との友好を基本に据えないといけないわけです。「習近平国家主席が膨張主義で危なくてしょうがない、韓国はここが悪い」とい

中国帰国者・日中友好の会コンサート

う発想ではなくて、隣国とは仲良くするというスタンスでないといけない。

土屋　「遠交近攻」という故事がありますが、平和の指向であれば隣国の中国とは「近交」ですね。

河合　台湾を中国が支配しようとしてアメリカが武力で対抗すれば一触即発になる。その時、日本の国民みんなが「中国はろくでもない」と思っていると、「アメリカに加担して戦え」みたいになりかねない。それと2000、3000年のスパンで見ると、日本は文化的に中国大陸や朝鮮半島由来のものをたくさんもらって、それをモディファイ（修正）して国が形成されているわけです。そういう歴史を踏まえて関係を構築していかないといけません。目の前の現象に左右されては判断を誤ります。

土屋　中国・宋は世界のGDP（国内総生産）の6割を占めていたようです。豊かな中国は宗主国として近隣の朝貢国に朝貢の3倍の土産を持たせたとの記録があります。国境紛争では相手が小国であれば譲るような懐の広い国でもあります。それを膨張や覇権に向かわせたのは欧米列強や日本です。中国はアヘン戦争から日中戦争までを「百年の国恥」と言います。

河合　そうだね。日本が日中戦争で侵したことは酷いからね。それを踏まえた上で中国との関係を構築していかなければなりません。

を行い、2年後に正職員になりました。その間、私は残留孤児の日本国籍取得サポートを担当することになり、河合先生から諸費用のために1,500万円の個人通帳を渡されました。私を信用してくれていたのだと思います。最初は人数が少なかったけど徐々に増えてきて数百人という年もあり、最終的に1,250人余の残留孤児の国籍を取得することができました。2009年に設立した「中国残留孤児の国籍取得を支援する会」の事務局の報酬や交通費も河合先生がポケットマネーから出してくれました。

1994年12月4日の説明会後に会場の喫茶店にたまたま入ると中国語で話しかけられ半世紀前の状況を語ると、「あなた私の妹よ」と言われ、17カ月後のDNA鑑定でも間違いがなく、本名の「池田澄江」に戻しました。運命的な出会いです。

私は法律事務所で働けても多くの帰国残留孤児は日本語が壁で職に就けず苦しい生活を強いられ、養父母に仕送りもできません。戦争がなければ苦しまないで済んだとの思いから2002年に弁護士の小野寺利孝先生が国賠訴訟を起こしてくれました。2007年の地裁判決で原告敗訴でもメディアが味方になり、与党PTが政府を動かし、残留孤児とその家族対象に支援措置が講じられました。2009年「NPO法人中国帰国者・日中友好の会」を創設しました。河合先生が「みんなが集まる家も必要だろう」と言って「中国残留孤児の家」を設立し、毎年家賃等2,000万円ほど支援してくれています。最近も河合先生の顧客2軒から約5,000万円の入金がありました。河合先生には感謝してもしきれません。

私の命の恩人は中国、血は日本です。この「2つの祖国」が2度と戦火を交えることなく、いつまでも仲がいい兄弟のような関係であって欲しいと願います。

中国・温家宝総理（当時）と対面

私にとっての「2つの祖国」、河合先生に感謝！

池田澄江 NPO法人中国帰国者・日中友好の会理事長

私は旧満州・牡丹江市で養父母に育てられました。小学2年時に抗日戦争を扱った映画で日本人が中国人を殺戮《さつりく》する光景を目の当たりにすると、同級生が私を「小日本鬼子」と言って責め立てました。その時、先生が「映画の中の日本人は悪いけど、徐明さん（旧姓）はただの子どもよ」と説明してくれました。教師が偉大な存在に映り、私も教師を目指しました。山間の小学校に配属され林業の作業員と結婚、3人の子宝に恵まれました。

1972年に日中国交が正常化し、1980年の日本代表団に親戚捜しを依頼すると、北海道の吉川姓の老人と類似点が多く、1981年に6カ月の訪問ビザを申請し3児と7月24日に来日しました。10月のDNA鑑定の結果、別人と判明すると家を追い出されました。日本人が認められなければ強制送還なので12月16日に東京に戻りました。

朝日新聞の「徐明さんを支援する会」の記事を見た弁護士の河合弘之先生が年の瀬に「就籍」を提案してくれ、1982年5月31日に「今村明子」で日本国籍を取得することができました。家裁に申請の際、翻訳家の報酬や印紙代、これら一切を河合先生が負担してくれました。夫を日本に呼びたくても定職がなくビザが下りませんでした。それを見かねた河合先生がさくら共同法律事務所で試用期間1カ月から迎えてくれ、夫も1983年8月に来日することができました。私は毎日9時から20時まで自分ができること中国残留孤児のみんなは中国で生まれ育ち、日本に帰国して住んでいる、自分たちこそが日中友好の架け橋になると意気込んでいます。旧満州生まれの僕もそういう考えです。

第3章　映像を通じて日中両国に友好の橋を架ける

張麗玲　株式会社大富代表取締役社長

1967年9月、中国・浙江省麗水市生まれ。女優を経て来日。1995年、東京学芸大学大学院修了後、株式会社大倉商事入社。1998年、株式会社大富代表取締役社長に就任。自ら撮影したドキュメンタリーが中国で放送された後、フジテレビでも放送。「小さな留学生」が2000年、「泣きながら生きて」が2002年、ともに放送文化基金賞受賞。

日本語の「あいうえお」も知らない21歳で来日、成田空港で自分と同様途方に暮れる青年を見て、この人をビデオカメラに収めたいと思った張麗玲さん。苦学して東京学芸大学院を修了。商社勤務の傍ら、来日当時を思い出し中国からの留学生約300人を映像に残す。そのドキュメンタリーシリーズ「私たちの留学生活〜日本での日々〜」は中国全土で視聴するほどの大ヒット。フジテレビ「小さな留学生」も視聴率20％超。現在、張さんが社長を務める大富は中国CCTV国際チャンネルのニュースやドラマ、ドキュメンタリー等の放送を始め大規模な公益イベントを日中で開催し、両国の架け橋になっている。

成田空港で途方に暮れる同胞をビデオに収めたら面白いと思う

土屋　張さんが撮影した中国からの留学生のドキュメンタリーは日中両国で放送され大反響で、当時の日中関係も良好でした。張さんにもう一度両国の関係を改善してもらいたいと思います。中国では女優としてある程度成功していながら日本を目指した動機は？

張　芸術家志望があって女優になりました。計画経済から市場経済に移行した改革開放政策が進み、有能な人や時代の先端を行く人たちが一気に外国に向けて出国しました。私も当初アメリカを考えたのですが、親から「すぐに戻れるような近くて安全な国にしてください」と言われ、「あいうえお」も知らないで来日しました。中国の大学の日本語学科を出ていれば文法を習いますが、大学入学前の日本語学校では、例えば「主語の後ろには助詞がきますが、『は』と『が』の違いは？」と質問しても「覚えるしかありません」と言われ、きちんと教えてもらえませんでした。

土屋　日本人でも文法が分かる人間は少数です。それにしても日本語を全く知らないで来日するのはすごく大変では？

張　若かったからできたのかもしれません。当時の人と今とでは条件が全然違います。当時の中国は本当に貧しくて戻る道がなく、進むしかなかった。親が留学の学費を支援したり、中国で日本語の勉強をしてから来日するということがほとんどありませんでした。

土屋　中国からの留学生を撮りたいと思った動機は？

張　成田空港に着いて入国手続きを終えて日本の土を踏んだ時、目の前の人には私同様迎えがなくて、日本語も分からないで、スーツケース9個を並べて立っていて、興奮や不安の入り混じった複雑な表情に圧倒されました。私は女優だったので、あの表情はいくら上手な俳優でも演技で絶対にできないと思いました。そのまま追いかけて行けばすごいストーリーになるのではと思ったのですが、カメラがないので撮れないまま別れました。その時、日本での留学生活は決して平凡ではないと感じました。日本で暮らすようになってから生活費や学費も全て自分でアルバイトの掛け持ちをしながらやりくりしていきました。周りには学費が払えなくて不法滞在者になった人もたくさんいました。

その後、自分の人生や運命など中国にいた時は考えてもみなかったことに直面し、自分と同じ境遇の中国からの留学生を記録に残したい、歴史の資料にでもなればという思いが募りました。テレビで放送できるかどうかはともかく、改革開放後に一般の中国人が海外に出られるようになって、その人たちが異国でどう生きてどう成長できたか、中国の家族や友人、そして同胞に伝えたかった。当時はドキュメンタリーの撮り方が分からなくて単に記録しようと思いました。中国ではドキュメンタリーのことを「記録片」と言います。

土屋　実際に撮り始めたのは？

張　大倉商事株式会社に入社後、安定した収入があるので、勤務時間外は撮影や好きなことに充てさせてもらおうと思いました。でも突然訪ねてカメラを貸してくれたフジテレビのプロデューサー横山隆晴さんから「大倉商事は名門で硬い会社だ。趣味でも継続的に撮影していることが後から知れたらまずいのでちゃんと申請したほうがいい」と助言されました。当時の私は仕事の傍らで撮影しているのになぜ会社に報告しなければいけないのか理解できませんでした。その後、撮影に集中すると疲れたり体力が消耗し風邪を引いたりするので、休日にきちんと体調を整えないと仕事に支障が出るということが骨身にしみて分かりました。会社に申請して1年で終わりますと伝えながら、「泣きながら生きて」の撮影・編集まで入れると10年かかりました。

土屋　フジテレビも張さんを7年間追いかけましたね。

張　はい。私が初めてフジテレビを訪ねた時に横山さんは「日本の会社にこんなOLはいない。追いかけたら面白い」という考えもあったのでしょう。必ず失敗するだろうが、もしかしたら番組になるかもしれないと思ったようです。

土屋　大倉商事からはどう言われましたか？

張　私が所属していた食糧部には部員が60名以上いました。部長からは「部員の中で誰か

1人でも『張さんが仕事の邪魔になっている』と不満を言い出す者がいればその時点で撮影を中止するか会社を辞めるかしてください」と釘を刺されたので、私は「両方続けられるように絶対に頑張ります」と伝えました。

中国全土でテレビ放送 日本人観を大幅に改善

土屋　張さんが撮り溜めたドキュメンタリーはまず中国で放送されました。

張　日本のテレビ局は日本放送協会（NHK）と民放各局ですね。中国は系列がなく、いい番組であれば全てのテレビ局がゴールデンタイムの放送も可能です。現在、中国の国家テレビ、中国中央電視台（CCTV）が17チャンネル、その下が31の省レベルの電視台、市レベルの電視台、県レベルの電視台といったローカル局となります。ちなみにローカルの北京電視台には10チャンネル以上あります。各省の電視台には衛星放送もあります。

土屋　中国では市が県よりも大きいのですね。上海電視台で視聴率が高いと北京電視台、天津電視台、広東電視台……というように全国のローカル局が放送するわけですか？

張　そうです。日本とは全く体制が異なります。例えばドラマを例に挙げると、日本は撮影をしながら放送していきますが、中国は完パケ（収録した映像やコンテンツなどをバラの状態ではなく完全に編集し、放送できる状態）にしてから審査を経て放送します。

土屋　張さんのドキュメンタリーを最初に放送したテレビ局は？

張　香港の鳳凰衛視（フェニックスＴＶ）と北京電視台です。その後、ほぼ全ての省のテレビ局が放送してくれました。

土屋　その番組は中国で異例な反響でした。日本人観も大きく変わったようですね。

張　社会現象まで巻き起こしました。日本に対する従来のイメージが大きく変わったとの評価など、はるかに想像を超えたとても大きな反響でした。

それでもフジテレビで放送できるとは夢にも思わなかった。当時、ＮＨＫのプロデューサーが来社され「日本を舞台にした番組が中国で大反響だからＮＨＫの深夜番組で放送したい」と言われました。そこで「仁義」としてフジテレビに相談すると、「1話だけ放送してみよう」という話になりました。フジテレビで放送できるとは考えてもみなかったですが、1話だけなら子どもには国境がないので『小さな留学生』がいいと思います」と提案しました。「小さな留学生」は、２０００年5月5日のこどもの日に放送されました。

土屋　「小さな留学生」の主人公の張素ちゃんの番組はすごい視聴率でした。彼女はものすごい頑張り屋ですね。

張　フジテレビの「小さな留学生」の視聴率は20％超でした。私たちからするともちろん子どもだから両親がそばにいるし、単に言葉が通じないだけで、一生懸命なのは当たり前です。それまでの例えば清末の時代も日本留学がブームで、当時の人は「祖国のために、民族のために」という理想を抱えて選ばれた人だけが来日しました。私たちは改革開放で国がオープンし、一般の人が自分の夢のために外国に行けた初めての世代です。だからいくら苦労して大変でも自分の意思で自分の夢を追いかけるのは覚悟の上です。でも、張素ちゃんのように、親の意思で来日した場合、それが彼女にとって一番いい選択なのかを考えさせられるので、我々留学生の次の世代も記録できればしたいと思いました。

土屋　自発的に来日した世代と、親についてきた世代を両方記録するのがベストですね。

張　そうです。元々は「私たちの留学生」しか記録するつもりはありませんでしたが、どんな政策でもブームでも1世代だけでなく、2世代、3世代まで影響してしまいます。いきなり親に呼ばれて来日した子ども、「小さな留学生」も撮って最後に締めたいと思っていたら中国でも日本でも一緒に仕事をしている張煥琦《かんき》（現・大富副社長）から「姪が来日する」と言われて成田で出迎え、自宅と学校がある東京・八王子に取材に通いました。

よく「張素ちゃんと親戚ですか？」と質問されますが、そうではありません。「張」という姓は中国に1億人ほどいます。当時は撮影ＯＫの全ての留学生が対象で約３００人を取材しましたが、最終的に番組になるのは66人です。

土屋　66人全員が中国ではなんらかの形で登場したのですね。

張　中国での放送は10シリーズです。日本では「小さな留学生」「若者たち」「私の太陽」「泣きながら生きて」と、フジテレビさんが撮った「中国からの贈りもの」でした。

土屋　日本でフジテレビがもっと放送しても良かったですね。

張　日本のテレビ局が中国からの留学生の番組を放送してくれただけでもすごいことですし、とてもありがたく感謝しています。おかげさまで「小さな留学生」が２０００年、「泣きながら生きて」が２００２年、それぞれ放送文化基金賞を受賞することができました。

株式会社大富を設立CCTVを同時放送

土屋　株式会社大富創設の経緯は？

張　大倉商事に入社３年目の１９９７年の歳末にCCTVから「中国の番組を日本でも放送するためにパートナーを探している」という話がありました。当時、日本にいればいるほど日本人は中国のことを知らないし分かっていないとしみじみ感じていたので、テレビを通じて両国が直接つながるのは非常に意味があることだと思ってワクワクしました。

ただ、当時大倉商事には撮影など好きなことをやらせてもらって、たくさん迷惑をかけていたので、退社の考えは一切ありませんでした。むしろ早く撮り終えて大倉商事に恩返しをしなければいけないと思っていました。

土屋　それでもドキュメンタリー制作の腕を見込んだＣＣＴＶが張さんの肩を押した？

張　当時の私は会社といえば大倉商事とフジテレビの2社しか知りませんでした。今考えれば知らない者の強さですね。一介のＯＬが大倉商事の専務の席に行って「会社にとっても、日本にとっても良いことだと思います。なんでもっと早く取り組まないのですか？」と意見を申し上げたりしました。それだけＣＣＴＶの仕事に非常に意味を感じていたのだと思います。結果的にＣＣＴＶの理念に大倉商事とフジテレビが賛同して、株式会社大富（ＣＣＴＶ大富）を創設することになりました。でも、会社は当時30歳の私を社長にするつもりは元々なかった。私も自分が社長になるとは夢にも思っていませんでした。この仕事は日本にとっても中国にとっても意味があり、大企業はＣＳＲといって国や社会、そして人類に貢献するのが当たり前だと考えていましたので、「中国のことをリアルタイムに日本に伝えれば相互理解に役立つと確信しております」と言って話をつなげたわけです。

土屋　張さんのパワーで1つの会社が誕生しました。

株式会社大富（奥の部屋が放送局）

張　大富の設立は1998年2月20日で、当たり前に大倉商事の定年前の役員の方が社長に就任されました。その方は中国語が分からないし、ほぼ24時間働くような会社だったので「自分には務まらない」と言って辞められました。困った事業担当責任者はフジテレビに人材を借りに行きました。すると私のことを知っているフジテレビの部長（当時）から「中国語もできる、メディアも分かる、昼も夜も働ける人は張さんしかいないよ」と言われ、「この事業を仕掛けた私は逃げられないので、ふさわしい方が出てくるまでつなぎで頑張ります」と答えました。私が代表取締役に就いたのは4月1日です。

試験放送は1998年6月1日、本放送が7月1日でした。当時はパーフェクTVとJスカイB（現・スカパー！プレミアムサービス）があり、大富はJスカイBと同時に開始しました。同時だからJスカイBの郵政省（現・総務省）への申請や放送に関する編成、視聴者の拡大など取り組まなければいけない課題が山積していて右も左も分からないまま混乱の中で、最初の1、2年は深夜2時前に帰宅したことがなかったです。数字が苦手で経営は素人という抵抗感を持ちながらも、徐々に軌道に乗せていくことができました。

大株主の大倉商事が倒産
京セラ稲盛会長に直談判

土屋　大倉商事は旧大倉財閥の一社でグループ企業が多いのに自己破産とは衝撃でしたね。

張　1998年8月でした。私はだいたい朝6時から8時まで睡眠をとればあとは大丈夫という感じで生活していた時、社員が6時半に「社長、大変です。大倉商事が倒産しました」という電話をかけてきたので「冗談言うの、いい加減にして」と言って切りました。私は「大倉商事が倒産するなら日本全国の会社も危ない」というぐらいの気持ちですごく不機嫌でした。しばらくしてまた電話がかかってきて「嘘《うそ》じゃなく本当です」と言われました。今度は「そうかもしれない」という気持ちに傾いて、そのまま地下鉄の駅に駆けつけ新聞の朝刊を買って確認しました。そのことを昨日のようにはっきりと覚えています。

会社に着いて途方に暮れていたら既に出社していた事業担当責任者から「大倉商事に乗り込んでも人がいません。大富の運命のすべてを管財人に任せました」と聞きました。フジテレビさんに紹介された弁護士からは「大倉商事が持っている大富の株式を引き受ける新たな株主が現れれば会社が存続できるが、いなければ連鎖倒産になる」と言われました。

土屋　現在の筆頭株主の京セラ株式会社にはどうアプローチしましたか?

張　このまま連鎖倒産させてはいけないと思いました。いろんなところでいろんな動きがあって、「京セラ（当時・京都セラミック株式会社／現・京セラ株式会社）の稲盛和夫会長（当時）に話を通した。今、上京されているので東京八重洲事業所に行って直接交渉してきなさい」と助言されました。

私、お名前を全く存じ上げなくて、フジテレビの方に「京セラの稲盛会長って誰ですか?」って尋ねてしまったのです(笑)。フジテレビの方からは「張さん、この方は大物ですよ」と言われたので、著書を買って、それを読みながら東京事業所に向かいました。

土屋　稲盛さんは過日逝去されました。最初にお目にかかった時はどうでしたか?

張　稲盛名誉会長の訃報《ふほう》に接し言葉もありません。感謝してもしきれないほどお世話になりました。何よりもCCTV大富の事業に対する深いご理解に脱帽いたします。

初めてお会いしたとき、私はそんなにすごい方だとは全く知らず、大富の生き残りしか念頭になくて「日中の民間交流にとても役立ちます」など、とにかく自分たちの意向を一生懸命アピールしました。「では、いくら出せばいいですか?」と問われ、まだ本当の経営者になっていなくて希望額が分からなかったので「フジテレビさんに確認します」と答えました。その後で「会社はどこにありますか? これから見に行ってもいいですか?」と言われ、当時のものすごくちっちゃい事務所にそのままお連れしました。

土屋　張さんの勢いに稲盛さんも圧倒されたのでしょう。それと稲盛さんが松風工業株式会社の社員8人で京都セラミックを設立した当時は経営が本当に苦しかったようです。その頃と張さんの会社がオーバーラップしたのかもしれませんね。

張　ありがたいです。その後、盛和塾にも入りました。

土屋　盛和塾の皆さんの稲盛さんに対するリスペクトがすごかったです。後年、稲盛さんは政府からの強い要請で日本航空株式会社（ＪＡＬ）会長に就任しました。京セラで導入していた「フィロソフィ」と「アメーバ経営」を持ち込んだ結果、赤字続きの会社を翌年経常利益１８８４億円まで伸ばし、航空会社としては高収益体質に脱皮させました。その時、盛和塾のメンバー全員が「飛行機はＪＡＬに乗ろう！」を合い言葉にしたそうです。

張　すごいですよね。また、京セラの梅村正廣副社長（当時、後に副会長）に「事業説明に来てください」と言われて京都に出かけたこともあります。その時も私が一生懸命に話をしたら「自分も上司の上西阿沙貿易部長（後に副社長）と２人でロサンゼルスに事務所を開設・駐在してアメリカでマーケットを開拓した光景とそっくりだ。当時は大富さんと同じようにタクシーにも乗れなくて、家に帰らないで会社のソファーで寝泊まりした。応援したくなります」と言ってくださいました。

唐の都・長安を再現し西安でイベントを開催

土屋　大富は役社員が一丸で頑張り、２０２３年7月1日に開局25周年を迎えますね。

張　日中の関係があまり芳しくない中で悩み苦しみながらも経営を続けてくることができました。２０１２年からは日中２カ国語放送も開始し、中国語が分からない日本人視聴者も、番組を通して「生」の中国を知り感じることができるようになりました。

土屋　２カ国語放送であれば中国語が分からなくても大丈夫ですね。「開局記念特番」でジャーナリストの嶌信彦さんも「今の中国を知るのに最適」と祝辞を述べていました。この間、日中で様々なイベントも開催されましたね。

張　弊社の事業理念は「日中友好関係構築の一翼を担うことを目指す」ですので、そういう記念の年には何かしなければという思いで取り組んできました。２００７年は日中国交正常化35周年に当たり、10月12日に中国人民解放軍交響楽団の日本公演を企画しました。人民解放軍の軍人が軍服を着ての演奏です。

土屋　どうして人民解放軍ですか？

張　当時から中国の軍事予算の増大に伴い、日本のメディアや一般の人たちも「中国脅威論」をよく話題にするようになりました。私はそれまで中国の軍人に接する機会がなかったのですが、たまたま帰国した時にＣＣＴＶ関係者の夫人から人民解放軍の楽団員を紹介され、「こんなに素晴らしい人も軍人なのだ」ということを知って、日本に

人民解放軍による演奏（2007.10.12）

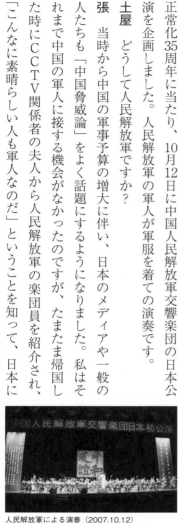

招聘《しょうへい》したらきっと距離が縮まり脅威も和らぐだろうと思って提案すると、「すごく素敵な企画ですね」と賛同してもらいました。でも、問題は楽団の皆さん、軍人が国を出るには国家の主席まで許可が必要です。そして日本と中国では体制が全く違うのですごく大変でした。

日本でサントリーホールや東京オペラシティコンサートホール、Bunkamuraオーチャードホールなどを予約する場合、前金を支払わなければいけません。そこで会場費がリーズナブルな中野サンプラザホールを押さえました。

土屋　無事に実施できましたか?

張　10月12日開催であるにもかかわらず中国から許可が下りたのは9月25日です。なんとか無事に開催することができました。

土屋　２０１８年9月のイベントは演出とゲストの顔ぶれが圧巻です。

張　名称は「日中平和友好条約締結40周年記念２０１８西安・日中文化交流イベントウィーク」と言います。初日の9月22日は、西安城壁でまず唐の時代に海外からの使者を招き入れる儀式を盛大に再現した入城式を行いました。式典では西安書記（当時）の王永康氏、西安市長（当時）の上官吉慶氏、在中国日本大使館公使（当時）の濵田隆氏、そして私が祝辞を述べました。開幕式コンサートではヴァイオリニストの川井郁子さんと中国琵琶《びわ》奏者の章紅艶さんの共演がありました。
　2日目の9月23日は、唐大明宮国家遺跡公園広場で日中青年友好コンサートと銘打ち、日本の乃木坂46と中国のアーティストの共演、それに文化人を招いた日中青年の交流で約6000人の観客を集めました。
　3日目の9月26日は、陝西大劇院で酒井音重氏による「能」と西安伝統劇「秦腔《しんこう》」の共演です。能・秦腔ともに西安と縁の深い演目「楊貴妃」でした。
土屋　よくこんな大イベントを大富さんが企画しましたね。
張　このイベントも西安政府の協力がなければ成功できません。当時の西安書記の王さんは私の故郷の書記も経験している本当に素晴らしい方です。彼は京セラの稲盛名誉会長のことも尊敬していますし、中日文化交流にものすごく熱心な方です。
土屋　稲盛さんの『生き方』（サンマーク出版）は国内150万部、中国580万部、日中累計730万部突破の車内広告がありました。なお、唐の長安（現・西安）は当時世界一の都で、ここを会場にしたというのが素敵すぎます。西安にはアメリカのドナルド・レーガン、ビル・クリントンの両大統領（当時）がそれぞれ訪問しています。クリントン大統領は秦の

西安・日中文化交流イベント入城式（2018.9.22）

時代の広大な陵墓に埋まっていた無数の兵馬俑《へいばよう》を見て、自国の歴史が二百数十年しかないのに中国がその10倍以上あって、しかも破格の規模ということですっかり中国の虜《とりこ》になりました。両国が蜜月となり日本は蚊帳《かや》の外に置かれた時期ですね。

張　西安は今も世界の憧れの都市で、そういう要人が訪問するような場面を設定したわけです。日本の濵田公使も感激されていました。

土屋　日中の民間交流が大成功ですね。

張　ありがとうございます。私たちとしては日本と中国の隣国同士が原点に戻って、手を携えていく、そのためにはこうした民間の力が必要だと確信しました。

鑑真も現代中国人も感心した「山川異域　風月同天」の漢詩

土屋　各アンケートでは日本人の約9割が中国に好ましくない感情を抱いています。中国側もそれに近い数字です。この嫌いや苦手を好きに変えるには？

張　日中両国は相互理解と民間交流が欠けているとしみじみ感じます。それと今の世界情勢がすごく複雑です。まずは人類の環境や歴史、自文化に対する認識など共通するところから認め合っていったらどうかと思います。多くの中国人が日本に滞在して一番感動するのは、日本人の親切さです。「昔（戦争時代）の日本人と今の日本人は本当に一緒か？」と何度も尋ねてきた人もいます。

土屋　日本人はどうでしょう？

張　フジテレビで「小さな留学生」放送後、私は日本全国から講演会や討論会に招待されて行きました。私のドキュメンタリーの主人公は「あいうえお」や「右も左」も分からないまま来日してアルバイト生活をしながら有名大学で博士号を取得するなど夢を実現した人たちです。ひたむきに一生懸命頑張って成長していく、その結果これ以上の成功はないというところに至った姿を見て、みんな感動しているのでしょう。その際、いつも日本で質問されるのは「感動しました。でも、張さんは失敗した人を撮ったことがないのですか？」と問われます。中国では逆に「成功した人を撮ったことがないのですか？」と言われます。日本人と中国人はお互い価値観が違うのだと感じました。

土屋　日本人は急に成功したような成り上がりに厳しい目を向ける国民性があります。だから人の成功よりも失敗に自分が安心できるのです。これは本当によくないことですね。

張　それは日本人に限らないでしょう。私は来日33年です。日本の文化は中国から渡ってきて同じ漢字も使っているのに、世界観や価値観、死生観、美学も含めてアメリカよりもはるかに遠い国になっているように感じます。それは欧米人のように顔も肌の色も明らかに違えば、生き方や考え方も異なるのを当たり前と捉《とら》えます。一方、文化背景も顔も肌の色も似ている分、お互いの差異に違和感を覚えてしまうのでしょう。顔や肌の色が似ていても、ものの見方考え方は違うのが当たり前と認識していくべきではないかと思います。

夫婦だっていつまでも末永くということで結婚したのに、その後いろんな問題が出てきて、違う違うとなって離婚する人が多くいます。日本と中国は、今は経済的に切っても切れない関係になって、ますます接近しているのに、問題もこれまで以上に出てきてもおかしくない。そういう意味で、お互いに嫌いになっているのだろうと思います。

でも、私が知っている中国人は日本が大好き、日本人も中国が大好きな人ばかりです。国と国の差や違いを分かっているから、相手を理解する、理解するから友好できる、友好的な態度がとれる。それと相手を尊重することも大切だと思います。共通・共感があるところをどう活かすかです。その違いをどう分かってもらうかがお互い重要だと思います。

土屋　日本人は明治以降の欧化政策でアジアの一員という気持ちを失ったのかもしれません。ところで、中国の四川地震や長江大洪水に義援金、神奈川県に防護服を贈られましたね。

張　コロナのパンデミック（感染爆発）になってから日中両国民を感動させたのは「山川異域　風月同天」です。日本から武漢への支援物資をつめた段ボールに「山川異域　風月同天」の漢詩を添えて贈ったところ中国ＳＮＳウェイボーなどで絶賛されました。つまり山や川は異なっても同じ天の下でつながっているという意味ですが、隣国同士なのでなにがあってもお互い助け合いながら前向きに頑張って仲良くしていくべきだと中国の国民は善意を感じ取ったと思います。大富も日本と中国が同じ人間として仲良くなって欲しいという思いから事業に取り組んでいます。

土屋　中国語検定試験などを実施するＨＳＫ（Hanyu Shuiping Kaoshi／漢語水平考試）日本事務局常任理事の林隆樹さんが添えた漢詩は、天武天皇の孫、長屋王が中国の僧侶に贈った１０００着の袈裟《けさ》に「山川異域　風月同天　寄諸仏子　共結来縁」という刺繍《ししゅう》が施されていて、それに気づいた鑑真和上（後に奈良・唐招提寺開祖）が「日本は仏縁がある国」と信じ、招きに応じて渡海し仏教を伝える決意をしたという話に由来していますね。

学生時代に井上靖著『天平《てんぴょう》の甍《いらか》』（中央公論社、新潮文庫）を読みました。この漢詩に込められたメッセージは時空を超えて日中の人々の心にしっかりと刻まれたことでしょう。日本も漢字文化圏で本当によかったと思います。なお、御社は２０１１年3月11日の東日本大震災の際もスピーディーに対応されました。

張　３・11の時は被災エリアが広く、かつ被災者も多かったので中国から集めた資金をどこに持って行けばいいのか分からなくて日中友好に貢献していた有識者に相談しました。すると宮城県牡鹿郡女川町《おしかぐんおながわちょう》の水産加工会社、佐藤水産の佐藤充専務が中国人実習生20人を優先的に山の上の神社本殿に避難させた後、自らは会社に戻って津波の犠牲になったという話を聞いて思わず手を合わせました。それで佐藤水産さんの女川町に持参しました。

フジテレビと大富で共同制作チャイナストーリーシリーズ

土屋　大富さんはＣＣＴＶの番組を放送していますが、独自のドラマ制作などは？

張　ドラマは制作費がかさむので今は制作していません。

土屋　中国のテレビ番組は日本人を「東洋鬼」に仕立てたドラマが多いですね。大富さんには日中の相互理解につながるドラマを作って放送して欲しいと思います。

張　制作したいという思いは常に持っていますが、２０２２年は日中国交正常化50周年、２０２３年は日中平和友好条約締結45周年なので、当時のドキュメンタリーでまだ伝え切れていないものをドラマにしていきたいという企画もあります。ただ、予算やスタッフ、キャストだけでなくコロナの第7波が終わって今度は第8波……と様々な課題や問題があって動けない状態です。私はコロナ禍でもう3年も中国に行けていません。本当に先の先が見えない時代ですが、頑張っていくしかないと思っています。

土屋　留学生シリーズは日中両国民を感動の渦に巻き込みました。映像の力は絶大です。

張　映像の力で今までＣＣＴＶ大富というチャンネルをやってきたし、私も素人ながら社長としてここまで頑張らせていただきました。留学生シリーズを放送してから改めて映像の力を再認識しました。当時は番組の影響で留学生も増えたようです。ということはその人たちの運命までも変えてしまうという怖い面もあります。例えば「泣きながら生きて」の放送後に「自殺するつもりでいたが、同じ空気を吸いながら片や自分よりも１００倍ぐらい大変なのに一生懸命頑張っている主人公を見て恥ずかしくなって新たな人生をスタートすることにしました」という手紙をもらいました。

「小さな留学生」をフジテレビで放送後に笑っちゃう話なのですが、「中国人はみんな犯罪をするために日本に来ていると思っていたけど(笑)、こんなに夢に向かって頑張っているとは知らなくて考えを新たにしました」という手紙もありました。中国の南京では「日本人について再認識しなければいけない」という声がたくさんありました。それらの声は本当にうれしいですが、メディアの力強さと怖さを改めて感じさせられました。その力をもう一度、日本と中国の相互理解になるような映像を出していけたらと思います。

制作面では、ドラマはドキュメンタリーよりもはるかに難しく、経費も10倍以上かかります。脚本には取りかかっていますが、またコロナが猛威を振るい大富の経営にもすごく影響を受けて、株主に迷惑をかけないように今は基盤の強化に努めなければいけません。

ただ、ドキュメンタリーは2017年から「日中共同制作プロジェクト」としてフジテレビさんと「チャイナストーリーシリーズ」を制作しています。2017年「母として女として～上海シングルマザー物語～」「男がラーメンに賭ける時…。」、2018年「自分の殻を破るには～麻耶の葛藤～」「上海発　仕事も恋も30代」「すべては家族のために～北京出稼ぎ物語～」、2019年「日本で働くということ～覚悟を決めた中国人～」「日本で家族を作るということ」「ここがわたしの居場所～海を渡った熱血教師と教え子の涙～」、2021年「ふたりの1年生～新米先生と海の向こうから来た女の子～」「この町で人生を変えたくて～結婚とお金と生きがいと～」、2022年「遠く故郷を離れて～この国で命を救う人になる～」……と、これまで11作品を放送しました。これからも出していく予定です。

後ろがチャイナストーリーシリーズのポスター

日本はいつまでも安全で平和な国であって欲しい

土屋　張さんと同じ浙江省出身の有名人は魯迅《ろじん》ですね。日本人は魯迅に憧れています。

張　えーっ、そんなに日本の皆さんがご存じとは知りませんでした。秘書から「日本の教科書にも少し出てくる」とは聞いていましたが。『故郷』の最後の「もともと地上に道はない。歩く人が多くなれば、それが道となるのだ」が有名ですね。

土屋　魯迅は仙台医学専門学校（現・東北大学医学部）時代の恩師・藤野厳九郎（小説『藤野先生』の主人公で解剖学教授）、中国での事業家・内山完造ほか多くの日本人の協力や支援を得て進取の部分に学び、逆に中国への侵略を憎悪するなど日本に対して二面性がありました。魯迅研究家でもある竹内好氏は「日本の作家と読者が魯迅を好むのは、日本の文学界に魯迅のような作家が現れていないためだろう」、内山は「魯迅が日本古代の武士の侠気《きょうき》を持ち強硬。ときに妥協しなかったことが最も印象的」と述べています。

中国近代文学の元祖が日本でスタートを切ったのと、日本人の判官贔屓《ほうがんびいき》があると思います。医師を志して学費免除で来日して医学生になったのに日露戦争のスライドに中国人がロシアのスパイとして日本兵から殺されるシーンを見てペンで民衆を変えようと作家に転向、打倒清朝の辛亥革命が奏功しても軍閥の袁世凱《えんせいがい》が実権を握り、続いて登場した蒋介石《しょうかいせき》の国民党政府の独裁を公然と批判して発禁処分を受け、なかなか思い通りにいかなかったことなどですね。それと、日本の中学・高校のほとんどの国語教科書に魯迅の作品が収録されているのでなじみがあって、中国よりもむしろ日本で読まれているようです。

張　そこまで日本人に愛されているとは知りませんでした。浙江省紹興《しょうこう》府の出身ですから紹興酒を生んだ地ですね。彼はその時代にあまりに鋭くて……。

土屋　さらに日本人は魯迅（周樹人）と遠戚の周恩来元総理に親しみを感じています。日中友好に生涯を尽くした岡崎嘉平太氏が最も尊敬していた人物でもあります。アメリカのヘンリー・キッシンジャー大統領補佐官（当時）ですら「今までに会った中で最も深い感銘を受けた人物の一人だ。上品で、とてつもなく忍耐強く、並々ならぬ知性を備えた繊細な人物」と評しています。

張　外国人にも知られて、なおかつ好かれるというような人は少ないですからね。とても思いやりもあり度胸のある方だと幼少の頃から聞いております。

土屋　日本は中国が国家賠償を4000億ドル程度要求すると思っていたようです。それを周総理が放棄してくれ日本は本当に助かりました。

張　時代は変わっています。各国のいいところを取り込んで改善しながら発展していくというのが基本的な姿勢だと思います。今、ロシアがウクライナに侵攻していますが、先が読めない不安定な時代となり、とても心配ですね。

土屋　ウクライナでアメリカは動きませんでした。今のアメリカは人種的ルーツがあるイギリスなどヨーロッパの一部しか兵を出して助けないと思います。したがって日本は従来の日米同盟を維持しながらも、中国といがみ合うのではなくて仲良くするしかありません。また、真に仲良くすればお互い防衛費を抑制できると思います。

張　そういう知恵といい考えの方は政治家になってほしい。政治の力が大きいから。

土屋　昔の日本には「井戸塀《いどべい》」という言葉がありました。財産も教養もある一部の名望家だけが政治に参加し、その他の貧者は無縁でした。だから名望家は国民や市民の代表として国事奔走で家産を失い、井戸と塀だけが残ったということです。戦後は誰もが政治家になれ、多額の議員歳費や助成金、調査費などが支給されるので政治が職業になりました。今は学級委員や生徒会役員を経験したような人が政治家を目指すケースが多いようです。

張　2022年夏の安倍晋三元首相の事件はショックでした。誰もが人の命を奪う権利などない。人が銃弾に倒れるようなことは絶対にあってはならないと思います。それは日本の国柄に合わない。国自体がイメージダウンでダメージを受けることですから。それまで日本はすごく安全で平和な国だと信じていて、中国の友人からも「日本はこんなに危険な国になったの？　すごいショック」という連絡がありました。

「華流ヨン様」ブームを日中合作で起こしたい

土屋　韓国は映画やテレビの韓流ドラマを次々成功させています。人口が少ない分、早くから政府が芸術に力を入れ外貨を稼いできました。日本も映像で押されている状況です。

張　国を挙げて取り組んでいるのは映像だけでなく、経済も力をつけてきています。

土屋　ドラマの成功とともに役者がスターとなり日本でも人気を博しています。

張　私も元々映画やドラマに出演していた側です。ドキュメンタリーをスタートさせてからは、真実の力には勝てないと思い、女優がつまらない仕事だなと思い始めていました。それが韓国のテレビドラマ「冬のソナタ」が日本で放送された後の現象にすごく刺激を受けました。いい作品であればたとえフィクションであってもすごい力だと再認識しました。

当時日本でも「ヨン様」「ヨン様」と言ったり、「冬のソナタ旅行」とかすごかったじゃないですか。一つの作品で日韓関係を変えたぐらいの影響力でした。韓流ブームに火をつけたのは「冬のソナタ」です。私たちも「華流ブームを作っていきましょう」「華流ヨン様を育てましょう」と呼びかけても実現がなかなか難しく、それは作品の完成度より偶然性もあります。さらに韓国は日本と中国の中間にあって、アメリカのハリウッドで勉強して帰国した人が多く、作品が西洋文化と東洋文化を融合したようなところがあるのかもしれません。それが日本人にも受けやすいのでしょう。

土屋　「冬のソナタ」は中国ではどうでしたか？

張　中国ではそれほどではなかったようです。文化や価値観の違いだと思いますが、中国では非常に個性が強く、展開が激しいドラマが好まれるようです。私も来日33年ですから、日本人にも中国人にも受け入れられるような作品を作りたいなという夢はずっとあります。

土屋　それはぜひ両国の架け橋になるような作品を制作してください。

張　生涯の使命だと思いますので、ずっと継続していくのは間違いないのですが、時代の変化があまりにも激しくてついていけません。まさにコロナなんて誰も読めませんでした。こつこつ頑張っていくしかないです。

土屋　張さんがドキュメンタリーをいっぱい撮り切った、あのパワーを以てすれば不可能という文字はありません。

張　あれから20年経って齢も重ね体力も落ちてきました。自然に(笑)。

土屋　経験や年輪がカバーしてくれます。

張　当時は4年間かけて編集・制作しました。今度は30年の経験を活かして日中に友好の橋を架け、両国の多くの方々に感動と支持されるドラマを生み出していきたいと思います。

第4章　エリゼ条約に倣い首脳会議、青少年交流の義務化を

瀬野清水　一般社団法人日中協会理事長

1949年、長崎県生まれ。1975年外務省入省。香港中文大学、北京語言学院、遼寧大学に語学留学。在中国日本国大使館、在上海総領事館、在香港総領事館、在広州総領事館などで勤務。2012年、重慶総領事を最後に定年退職。大阪電気通信大学客員教授、桜美林大学客員研究員、一般財団法人Marching J財団事務局長などを経て一般社団法人日中協会理事長を現任。

中国との外交に37年間携わり、中国駐在通算25年を過ごした外交官は、元重慶総領事の瀬野清水氏である。改革開放後、世界第2位の経済大国に躍り出るまでの中国ウォッチャーである。定年後は約10年間ジャニーズ事務所の財団で社会貢献活動に携わった。2021年6月より一般社団法人日中協会理事長として日中の民間交流に力を注いでいる。日中協会初代代表世話人・岡崎嘉平太氏揮毫の額「前事不忘後事之師」をバックに「日中はドイツとフランスのエリゼ条約に学んで、首脳会議と閣僚会議、青少年交流の義務化を図るべきである」と訴える。尖閣問題や中国の民主主義などにも明確に答えてくれた。

日中戦争の残虐さを知り在中国の外交官を目指す

土屋　日本と中国は2000年良好な関係でした。対馬藩の儒学者、雨森《あめのもり》芳洲は藩の外交方針を「誠信之交隣」、いわゆる「隣国と互いに欺かず、争わず、真実を以て対等に交わる」と定めて朝鮮通信使との交渉や接待などを担いました。芳洲は中国語と朝鮮語に堪能で小中華思想（中国王朝〈大中華〉と並立もしくは次なる文明国として中華の一役を担う）を信奉し、「中華の人間として生まれたかった」と漏らしたそうです。明治までの日本の知識人は漢詩・漢籍・論語の素養があり、中国を憧れの国と見ていました。それが日清戦争以来徐々に薄れ、欺きと争いと不真実、不対等になっていったのは誠に残念です。

瀬野　盧泰愚韓国大統領（当時）は来日時に宮中晩餐会で「雨森芳洲は正義と信義の交際を信条としたと伝えられます。相手方である朝鮮・玄徳潤は東莱《とうらい》（現在の釜山）に誠信堂を建て日本の使節をもてなしました」と述べました。現在の外交は対等が原則です。

土屋　瀬野さんが中国駐在の外交官を志したのはどうしてですか？

瀬野　高校生のとき放課後の図書室で偶然手にした写真集がありました。日本人の従軍写真家による国威発揚を目的としたもので、中国大陸に侵攻した日本兵が無抵抗の中国人を銃剣や日本刀で殺害するなど残虐《ざんぎゃく》で生々しい写真は「掲載不許可」とされ、長らく公開されなかったのに解禁されたものです。多感な高校生の私は学校でも教わっていない事実を突きつけられて衝撃を受けました。戦争によって中国にいかに大きな災禍をもたらしたのか気づき、今の中国人は日本のことをどう思っているのか、もし日本人に恨みがあればそれを少しでも和らげることを一生の仕事にしたいと考えました。当時まだ日中国交が回復していなくて中国に行く方法を考えた結果、外交官になることを決意したのです。

土屋　動機に頭が下がります。外交官を目指して作家の司馬遼太郎や陳舜臣の母校でもある大阪外国語大学（現・大阪大学）で中国語を学ばれました。学生時代はどうでしたか？

瀬野　当時は大学紛争の最中で校門はバリケードが築かれ騒然としていました。「造反有理」というスローガンが掲げられるなどして、明らかに中国の文化大革命（文革）の影響を受けていました。授業がないことをいいことに私は大阪万博で半年間アルバイトをしたのがよい思い出です。今は箕面市に移転して名称も大阪大学となり寂しい限りです。

土屋　外務省中国語研修「チャイナ・スクール」の先輩には谷野作太郎氏（元駐中国大使）や浅井基文氏（元広島市立大学広島平和研究所長）、加藤紘一氏（元防衛庁長官）、阿《あ》南惟茂《なみこれしげ》氏（元駐中国大使）、宮本雄二氏（元駐中国大使）など錚々《そうそう》たる顔ぶれですね。

瀬野　チャイナ・スクールには多くの立派な先輩方がおられます。外務省研修所では中国人の欧陽可亮先生（甲骨文研究者・中国語教育者。唐の儒家・書家の欧陽詢の44代目子孫）

から徹底的に中国語を学びました。言語のほかに中国の食事マナーや習慣、文化など、中国赴任に必要なこともひと通り教わりました。研修所は東京・文京区大塚（茗荷谷）の東方文化学院東京研究所内にありました。義和団事件の賠償金により内田祥三氏（元・東京帝国大学総長）の設計で建設され、1967年東京大学東洋文化研究所が東京大学本郷キャンパス、1995年外務省研修所が神奈川県相模原市に移転したことで、拓殖大学に保存を条件に払い下げられました。現在は同大国際教育会館に生まれ変わっています。

土屋　国内研修を経て、憧《あこが》れの国・中国に初めて赴任してどうでしたか？

瀬野　羽田の東京国際空港から香港国際空港（啓徳空港）までは空路、香港から中国には深圳河《しんせんがわ》の橋を歩いて渡って、深圳で入国の手続きを行いました。深圳から電車で広州に渡って、その日のうちに広州白雲国際空港から北京首都国際空港まで飛行機で行きました。深夜に到着した北京空港は真っ暗で陰鬱《いんうつ》な感じでした。トランクを受け取りホテルに行く道々は街灯がなく、車がすれ違う時だけライトをつけました。瀋陽《しんよう》では見渡す限り地平線ながら荒廃した印象を受けました。砂埃《すなぼこり》がひどく、石炭の燃え殻のようなものが降ってきて空気が悪かった。当時の中国の人たちはボロボロの人民服を着ていて貧しい印象を受けました。驚いたのは小学生が道で拾ったタバコを吸っていたことです。食べるものがなくて口が寂しかったのでしょう。ただ、生活は貧しくても、子どもたちの目が輝いていて表情が明るかったので、この国は必ず発展すると思いました。私は敗戦から僅《わず》か4年後の1949年生まれです。国中が極度な貧困状態にあり社会が混乱していて、親も子も常にお腹を空かせ生きていくのが大変でした。その頃と当時の中国が瓜二つでした。

土屋　外務省で嚆矢《こうし》を放った役職は書記官ですか？

瀬野　書記官は大使館での役職です。私は領事館勤務がスタートなので副領事、領事です。大使館に異動した時は一等書記官でした。

土屋　大使館や領事館での日々の業務内容は？

瀬野　公務員ですから国民に服務するという原則があります。それは国内でも国外でも一緒です。外国にいる人は外交旅券を持って外交官と称されているだけで、日本にいる公務員と基本変わりません。国民の目であり耳であり口でありというように日本の政府の考え方や真意を、相手国が誤った判断をしないように伝えます。それと同時に日本の政治家などに対して相手国がどんな国かを伝えるのも仕事です。また、現地の人と話をしてこちらが知りたい情報を教えてもらって、相手国からの質問にも真摯に答えます。ビジネスや観光で来ている人がトラブルに遭った時の仲裁や相手国の政府に対して善処を働きかける支援なども行います。そして中国向けは2022年3月で全て終了しましたが、ダムや道路建設などの政府開発援助（ODA）です。後は在留邦人がケガや病気をしたり亡くなられたりした時の手続きを行います。役所が扱っている婚姻届や離婚届を受ける窓口もあります。相手国の国民が来日する時も審査をして問題がなければビザを発給します。政治・経済・文化・領事事務・査証と広範囲で結構忙しいだけにやりがいがありました。

土屋　外国で万が一のことがあれば一番頼りになるのが大使館や領事館ですね。

瀬野　そうあるべきだし、そうあらねばならないと思って仕事をしてきました。37年間を外務省で過ごし、そのうちの通算25年間を中国で駐在しました。

中国人は人とのつながりを重視し友だち作りが上手い

土屋　中国共産党の幹部の人たちだけでなく市井《しせい》の人たちとも交流したそうですね。

瀬野　政府高官や大学教授などトップレベルの人だけでなく、暇さえあれば我が子を伴って裏道を散歩したり買い物をしながら一般の人たちと接触していました。庶民の生活ぶりや話を聴いて新聞やテレビ、ラジオに流れていないありのままの中国や中国語を理解するよう努めました。

土屋　3人のお子さんは中国の学校に溶け込めましたか？

瀬野　違和感なく喜んで登校しました。むしろ日本に帰国してからのほうが大変で、3人が示し合わせたかのように不登校になりました。理由を尋ねると、「クラスの中に溶け込めない」と言うのです。日本で帰国子女というとどうしても浮き上がります。中国の学校のほうがのびのびとしていたので、日本が窮屈に感じたのかもしれません。今は3人とも無事に大学を卒業して社会人になって結婚もしたのでひと安心です。

土屋　瀬野さんはどぶ板外交を行い、お子さんも学校生活を楽しめた、彼《か》の国の魅力は？

瀬野　やはり人とのつながりです。中国の人は「友だちになりましょう」と言って声をかけてくることが多いです。日本だと一度友だちになっても時間が経てばなんでもなくなりますが、中国では中断している時間がどんなに長くてもすぐ昔に戻れて空白をほとんど感じさせません。つながりが深いというか濃いです。よく「日本人同士よりも中国人とのほうが腹を割った付き合いができて長続きする」と言う人がいますが分かる気がします。中国人と話が続いて途切れないのは、彼らが成長し続けているからではないでしょうか。

土屋　逆に中国の人は一族しか信じないと聞いたこともありますが。

瀬野　それも一理あります。昔から国が頼りにならないので家族の安全保障というか、1番が家族、2番が親戚、3番が同郷というように少しずつ枠を広げていきます。それとは別に一度友だちになると、腹を割って何でも話ができる家族以上の関係になります。日中関係もよく似ていて、1980年代は両国がものすごく良好でしたが、あまり密接すぎると摩擦が起きて距離が離れると寂しくなる。摩擦が起きない距離感が大事な気がします。

土屋　1992年の天皇皇后両陛下（現・上皇上皇后陛下）の訪中はどうでしたか?

瀬野　天皇皇后両陛下の訪中の際、私は広州から上海に応援出張し、約1カ月間、両陛下の上海ご滞在の準備作業に当たりました。両陛下の上海でのご滞在は旅の最後の1泊2日という短期間でした。両陛下は上海市政府主催歓迎宴の後、長い車列を組んで上海の夜景をご覧になられ、私もその末席に加えていただきました。沿道には20万人とも30万人とも言われる上海市民が途切れることなく鈴なりになり、誰もが笑顔で手を振っていました。それを見た私たちは今回のご訪中が大成功だったことを心から喜び合いました。

ご帰国後、その年最も印象に残った出来事の一つとして、この夜の模様を「笑顔もて迎へられつつ上海の　灯ともる街を　車にて行く」と詠まれたと知って、とても感動しました。歴史的な出来事に携われたことは、私にとってかけがえのない思い出です。

読み返すべき
日中共同宣言

土屋　『岡崎嘉平太伝　信はたて糸、愛はよこ糸』（ぎょうせい）には、日本が400億ドルぐらいの国家賠償を支払うつもりだったことについて、周恩来総理（当時）が「日本に賠償金を課すとドイツでナチスが台頭して再び戦争が起きたようになってもいけない、それが再びアジアに起これば不幸だ、賠償を取らないでおけば、日本は地下資源など足りない物があるから、我が国の経済近代化に協力してくれるに違いない」と言って国内を説得した話が載っていました。岡崎さんが最も尊敬していた周総理は大人《たいじん》ですね。

瀬野　私もそう思います。当時、フィリピンやベトナム、インドネシア、ビルマ（現・ミャンマー）、韓国などいろんな国に日本は賠償金を支払いました。それに加えて中国にも多額の賠償金となると国家が破綻しかねません。しかし、こちらから「放棄してください」とは言えなくて、そこが関係正常化を進めようとしていた人たちを一番悩ませたところです。その前に台湾の蒋介石総統（当時）が「徳を以て怨《うら》みに報いる」と言って賠償放棄してくれていました。

日中両国は1972年の国交正常化にあたり、日中共同声明を発表し、日本は過去の戦争で中国に与えた損害について「責任を痛感し、深く反省する」と表明、中国は「日中両国民の友好のために、日本に対する戦争賠償の請求を放棄する」と宣言しました。新しく国交を結ぶ中国が「両国民の友好のために」とことわっているところが重要と思います。

土屋　日本では保守派を中心に台湾・李登輝元総統の「私は22歳まで日本人。日本は台湾を近代化させた。日本統治によって、台湾は伝統的な農業社会から、近代社会に変貌《へんぼう》できた」、インドのパール判事が東京裁判で「この裁判は国際法に違反するのみか、法治社会の鉄則である法の不遡及《ふそきゅう》まで犯し、罪刑法定主義を踏みにじった復讐《ふくしゅう》裁判に過ぎない、だから全員無罪である」、コロンボ（現・スリランカ）のジャヤワルダナ蔵相（後に大統領）がサンフランシスコ講和会議で「日本に対する賠償請求権を放棄する。仏陀《ぶっだ》は『人はただ愛によってのみ憎しみを越えられる。人は憎しみによっては憎しみを越えられない』と述べている」など大いに評価しています。ありがたい話ですが、日本人は耳障りのいい言葉だけ傾聴していたら再び間違いを起こすかもしれません。中国並びに周総理に感謝が薄いのは、日本人の共産主義アレルギーが根底にあるからでしょうか？

瀬野　２０２２年は日中国交正常化50周年でした。日中の共同声明をもう一度読み返すべきと思います。日中共同声明の前文は「日中両国間には社会制度の相違があるにもかかわらず、両国は、平和友好関係を樹立すべきであり、また、樹立することが可能である」と明記されています。したがって政治体制が違うことを前提に、それぞれの政治体制のままでも友好関係が樹立できるということで正常化が図られたのです。しかし今の日本は自由民主主義、基本的人権、法の支配、市場経済を重視し、これらの価値観を共有する国々との連携を強めようと「価値観外交」を提唱し、中国と対立の構造になりつつあります。

500余名の設立発起人
日中協会がスタートする

土屋　『大地の子』（文藝春秋・文春文庫）は山崎豊子さんが8年間、心血を注いで書き起こした名著です。自著の初出しを共産党政権下で取材に全面協力してくれた胡耀邦《こようほう》元総書記の墓前に捧げ報告した後のインタビューで「今日の日本の平和は『自分の祖国は日本か中国か思い悩む』孤児たちを40年も捨てておいた犠牲の上に成り立っている」と答えました。

中国残留孤児は国籍取得で苦労し、後に全国で訴訟を起こしても日本政府が知らぬふりで放置していました。与党の中国残留邦人支援に関するプロジェクトチーム（与党PT／野田毅リーダー）が政府を動かし、支援法を法制化して、中国残留孤児への一時帰国や永住帰国の援護、定着・自立援護、老齢基礎年金等の満額支給、配偶者に対する支援などが整備されました。

瀬野　私は1990年代に残留孤児の帰国時に肉親探しの仕事にも関わりました。残留孤児は日本語ができないので通訳を介して幼少の頃の話を聞き取りました。残留婦人は中国でも家庭があるので、日本に時々帰国できる仕組みで私も何度か一時里帰りのお手伝いをしました。残留孤児や残留婦人を放置したという話は、もしかしたら日本の政府は前例踏襲で、過去にないことだからどんな受け入れ体制を組むのか、残留孤児でない人をどう見分けるのかなどいろいろ検討しているうちに時間を要してしまったのかもしれません。国交正常化までは国として交渉する窓口がなかったなどの要素も考えられます。

２０１８年訪中の際、王岐山国家副主席（当時）から「日中協会の野田会長は長年にわたり日中関係の改善に大きな役割を果たしてくださいました。民間の役割は大きいです」と言われました。野田会長が半世紀にわたり衆院議員と日中協会のトップとして日中の架け橋となってくださった功績は絶大です。２０２２年春の叙勲で永年の政治家としての活躍が称えられ、旭日大綬章を受章されました。私たちも喜んでいます。私の前々任の理事長、白西紳一郎さんは日本国際貿易促進協会で岡崎嘉平太（元・日中覚書貿易事務所代表、元・全日本空輸株式会社社長）さんと一緒に仕事をした縁で日中協会も手伝うようになり、事務局長や理事長を30年以上務め、野田会長を助けてきました。日本と中国の間を５００回以上往来されています。日中協会に掲げている額「前事不忘後事之師」は岡崎さんの揮《き》毫《ごう》で「過去の歴史を忘れないで将来の戒めとする」という意です。

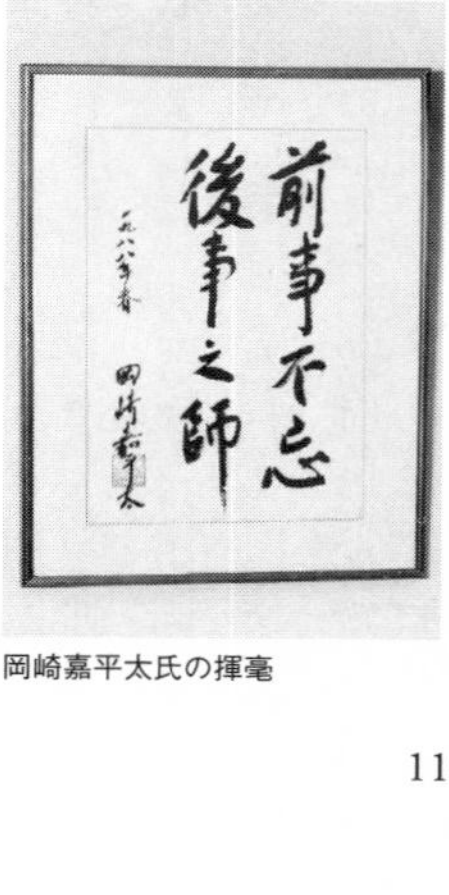

岡崎嘉平太氏の揮毫

土屋　日中協会の沿革を調べてみると当時はすごいメンバーの大所帯ですね。

瀬野　そうです。１９７０年春に後に日中協会設立時に代表世話人の１人となった岡崎さんは、同じく代表世話人の茅誠司さん（元・東京大学学長）、門脇季光さん（元・外務次官、当時・ホテルニューオータニ社長）らに「近く米国のエドガー・スノー氏（ジャーナリスト）が訪中すれば、米国と中国との関係は劇的に変化する。国交正常化すれば、外務省・自民党・経団連（現・一般社団法人日本経済団体連合会）等も友好運動に参加し、国民的合意の形成を図る必要がある。現在、日中友好協会等熱心な方々がいるが、外務省等を含む広範な人々を結集した新しい組織を作ろうではないか」と提案し合意を得ました。その後2年近くの準備を経て1975年9月29日、約50人の世話人、500余人の設立発起人で日中協会が設立されました。

メディアの報道に視聴者が賢くなる

土屋　日本政府が尖閣諸島を国有化して2012年8月から9月にかけて中国で最大規模の抗議デモが起こりました。テレビで見た日本人は「中国人は怖い」と思いました。

瀬野　日系スーパーやコンビニエンスストアは大規模な破壊と略奪行為に晒《さら》され、中国人が経営する日本料理店や路上を走行・駐車中の中国人所有の日本車も破壊されました。山東省青島市のイオン黄島店は商品の8割を略奪される大きな被害を受けました。私も20

12年の反日デモで焼き打ちに遭った工場やイオンの店舗を見に行きました。被害を受けた関係者から話を聞くと「群集心理でみんながやっているから自分も一緒にと窓ガラスを壊したり騒いだりしている人たちがほとんどでしたが、それでも全体から見ればごく一部です」とのことでした。テレビでは怖いシーンが繰り返し放送されるので国中が反日で騒いでいるように感じるかもしれませんが、道路を一つ隔てたところでは赤ちゃんをベビーカーで押していたり、子どもと手をつないで散歩したり、ごく日常の光景がありました。騒いでいる人たちにあまり関心を寄せない、自分たちとは違うという感覚ではっきり分かれていたように思います。焼き打ちに遭った人たち何軒かに「中国は怖いので撤退しますか？」と聞いて回ったら、皆さん「引き揚げるつもりはありません。これまで中国の人に大変お世話になってきたし、騒いでいる人はごく一部です。大勢の人が心配して駆けつけてくれました」と言いました。イオンは3週間程度で開店して「謝恩（感謝）セール」を開催しました。あれだけ乱暴狼藉《ろうぜき》を働かれたにもかかわらず、お客様に復興できたことへの感謝を伝えたら中国の人はすごく感動し、さらに買い物に行くようになったそうです。

土屋　イオンは中国人ボランティアが入ったので予定よりも早く復旧できたようですね。2012年の暴動を東京大学教養学部講師の王雪萍《せっへい》（荒川雪）さん（現・東洋大学社会学部メディアコミュニケーション学科教授）は「中国の歴史教科書が日本の中国侵略の説明について、1980年代までは資本主義と軍国主義が結合した権力集団の責任としていたのが、1990年代以降は戦争責任を日本の国家全体に帰するようにしたために、反日デモの矛先が日本政府、資本階級のみならず、一般国民にも向けられるようになった」と分析しました。中国が1990年代に反日の愛国主義教育を推し進めたのは1989年6月4日の天安門事件が契機のようです。中国は14億人ですから1億2000万人余の日本の約11倍です。いい人も悪い人も日本の11倍いると考えれば暴動も不思議なことではありません。

瀬野 おっしゃる通り。私が今も印象に残るのは2005年の反日デモです。私はたまたま東京からの出張で上海に滞在中でしたが、デモ発生前日に日本のテレビ局や新聞社から「大規模な反日デモがあるらしいが様子は?」と取材の連絡が入りました。私たちは見た通りのことしか言えないので「普段と変わりません。上海市政府の報道官も『何も起こらないから安心してください』と言っていました」と伝えました。でも翌日に状況が一変し上海の領事館は石や卵を投げられ、周辺の日本料理店も壊されてビックリしました。

私は北京の大使館に移動し「なんでここにいるんだ」と叱られました。上海にいながら気づかない、というより上海にいるからこその盲点でした。それほど中国という国は読みが難しい。「群盲象を評す」、断片的な情報で全体の一部しか理解していなかった実例です。

土屋　中国政府はデモや暴動を容認することもあるのですか？

瀬野　中国共産党は党の方針に反対するデモは認めません。党の意向に沿わない外国の言動に対するデモだと民衆の不満のガス抜きとして見て見ぬふりをすることがあります。

土屋　中国では日中戦争の時代の反日ドラマが多いと聞きました。

瀬野　反日の戦争映画は許可が下りやすく補助金が出ると言われており、テレビ局が制作したがります。戦前や戦中に興味がある１９６０代後半より上の世代は昔のノスタルジアで戦争映画をよく見るので、この人たちの日本観を変えるのは難しい。若い人たちの興味はアニメやファッションなど日本とほとんど一緒で、彼らの考え方は変化してきています。

土屋　戦争ドラマは反日感情を刺激します。日本政府はクレームをつけないのですか？

瀬野　「日中友好のためにメディアも気をつけてほしい」とは申し入れています。補助金や人民の教育は中国の国内問題です。中国共産党の指導者はアメリカや日本のように選挙で選ばれていないので執政党の拠りどころは日本の軍国主義と戦って中国から追い出して、今は生活を豊かにしてくれる存在ということです。だから常に日中戦争を忘れないようにします。日本人も戦争のことを忘れてはいけないし、二度と起こさないようにする必要があります。反日ドラマが事実に基づいている限り中国の方針だと思います。

野田会長は「そういう反日を続けるとポピュリズムやナショナリズムが戦争の引き金に

なりかねない」と憂慮されています。よって中国の人には過度にナショナリズムを刺激しないようにしてほしい。国と国の関係がどんなに悪化しても話し合いと外交努力で解決すべきです。ナショナリズムで自分たちの基盤固めをしようというのは非常に危険です。

土屋　日本にも反中・嫌韓でナショナリズムを煽《あお》って票や注目を集めようとする政治家や評論家がいます。メディアも中国の非常に激しい部分を際立てて報道しています。

瀬野　そこはメディアの宿命です。ニュースバリューのある内容を報じないと見る人も読む人もいなくなります。本当は世論を正しくリードするのが社会の木鐸《ぼくたく》としてのメディアの役割ですが、売れるニュースを報じようとすれば他社と違うことに着目するしかない。商業主義は避けて通れないので読者・視聴者の興味を引く出来事を報じざるを得ない。中国人が紙の餃子《ぎょうざ》を食べたり、段ボール入りの肉饅《にくまん》を売っているとかあり得ないようなことを面白おかしく報じると、みんなその新聞や雑誌を買って読みます。突きつめれば読者が賢明になるしかありません。

土屋　国内で新聞の購読部数が飛躍的に増えたのは日露戦争が発端らしいです。家族の従軍による戦況把握と戦意高揚の刺激です。対中・対米戦争では新聞が戦争を煽りました。

瀬野　メディアに頼らないと情報を得られないけど、いろんな情報源に当たったって、1つの情報だけを鵜呑《うの》みにしない、反対意見にも耳を傾けることが大切です。今スマホを読むとお勧めの記事ばかりが上にきます。裏づけるニュースが入ってきて自分の考えは間違っていなかったと思うけど，それ以外の人には違う記事がいくので見極める力が必要です。

列強の侵略から豊かで強い国を摸索する中国

土屋　尖閣の問題は日中両国があえて先送りしました。元上海総領事・東京大学名誉教授・名城大学特任教授の小原雅博氏は『日本の国益』（講談社現代新書）の中で日米同盟を基軸としながら日米同盟プラスアルファを求めていくべきで、そのプラスアルファは中国だとの結論ですが、日本がまだ優位に立っていた時代に中国と尖閣問題を交渉していれば決着していたとも述べています。

瀬野　両国に問題があって論争するのは、それを通じて相手の考え方が分かるのでいいことと思います。問題は武力や武力による威嚇《いかく》によって現状を変更しようとする試みはいけません。尖閣の周りに中国海警局の船舶が領海侵犯を繰り返したりしているのは、まさに力による現状変更の試みと言ってもいいでしょう。それはどういう理由があるにせよ戦争の火種になります。では現状を変えたい場合どうすればいいかというと話し合うしかありません。どちらもが折り合うところで妥協する。それで成功している例もあります。特に旧ソ連と中国で紛争の火種になっていたところはちゃんと話し合って双方で国境線を引き直して解決している例があります。それこそが人間の知恵の出しどころです。

尖閣の問題も一度は日中双方が「境界が未だ画定されていない東シナ海を平和・協力・友好の海とする」ということに合意したわけで、双方が武力を絶対に用いないことをしっかりと守る。日本はきちっと実効支配しているので、そのまま何十年、何百年でも続いていけばいいわけです。ヨーロッパ連合（ＥＵ）の域内を旅行すると、昔は国境でパスポートの提示を求められていたのが、今は自由に往来できて、旧検問所の建物だけが残っています。国が主権の一部を放棄して国境の意味が変わっていかないと本当の意味での平和が訪れないような気がします。国境が形骸化してくれれば領土問題も消えていくと思います。

土屋　２０１３年４月に安倍晋三首相（当時）が迷彩服を着てヘルメットをかぶり陸上自衛隊の戦車に乗り込む姿は中国で「日本はまた戦争を引き起こす」と映ったようです。

瀬野　中国の人も情報が限られた中で判断するので、ひと頃よく日本は必ず軍国主義に戻ると言いました。日本には敗戦の経験から二度と戦争を起こさないという固い決意を有しており、それは日本国憲法にも現れています。「日本は平和国家で行くしかない」といくら言っても「そんなはずはない」と反論します。政治大国が軍事大国になるというのは今の中国がまさに歩んでいる道のようにしか思えません。アメリカに追いつくところまできている、それが周りの国に脅威を与えていることにあまり気づいていない。その逆に中国人の中には日本が中国を攻めることがあり得ないけれど、戦時中の記憶が残っているのでアメリカの傘の下で何をするか分からないと思っている人がいるのかもしれません。

土屋　中国は自国に列強が入り込まれた反省から実力をつけて周辺国から「覇権国家」と思われるようになりました。本当は覇道でなく王道を歩んで欲しいですね。

瀬野　その通りだと思います。昔、「眠れる獅子《しし》」とかいろんなとらえ方がありますが、国連の調査でアヘン戦争前の1820年代清朝末期の国内総生産（GDP）は世界の約3割とのことです。清朝政府は財政が豊かで世界に君臨していました。それが西洋列強にアヘン戦争を仕掛けられ蹂躙《じゅうりん》されたのはすごいトラウマです。国が弱いと侮りを受けるという経験が身にしみています。国は強くないといけない。力があることと尊敬されることはイコールと信じられています。中国は豊かで強くなることを一貫して目指してきました。中国の次の目標は建国100年目の2049年です。「2つ目の100年の奮闘目標」とされる「富強、民主、文明、調和のとれた美しい社会主義国家の構築」に向けて、中国もすごい勢いで変わっていくと思いますが、その際にどうしたら真に世界から祝福され慕われるかを摸索するはずです。それを習近平国家主席は心得ていて、2021年5月の党中央の重要な会議で「中国は信頼され愛され尊敬される国のイメージ作りをすべきだ（原文は「可信可愛可敬」）」と話しました。だからそういう問題意識はあると思います。

土屋　習国家主席は日本人にはとらえにくい人物ですが、北京出身の知人が「中国では『我が国は資本主義だから政治にスピード感がある、日本は社会主義国だから決められない』と揶揄《やゆ》している。北京の若者の８割が習国家主席を支持している」と言っていました。

瀬野　有言実行の強いリーダーシップがあり、人の話によく耳を傾けているようにも思います。自然災害が起きたら飛んでいって困りごとを聞いて政治に反映します。何よりもこの人のすごいのは「２０２２年の北京冬季オリンピックまでに絶対貧困を解決する」と宣言して実際にやってのけたところです。そのため多くの人間を農村に配置しました。貧困から自力で豊かになれる方策を検討し遂行して脱したというのは大きな力がないとできません。習国家主席に権力が集中するようにしているのは、昔の集団指導体制では複数の指導者が権益を囲い込んで上手くいかなかった反省から、強いリーダーシップで切れ目なく取り組んでいこうとしているからだと思います。任期制を廃止して終身でやるかどうかは別として３期目の続投が決まりました。これまでは10年の任期が切れそうになると政権がレイムダック化して内部で権力闘争が繰り広げられました。それを習国家主席は２期に縛られないで３期４期と中長期的な政策を遂行しようとしているのだと思います。

土屋　ライバルを倒して後継者を育てていないように映りますが。

瀬野　胡錦濤《こきんとう》国家主席の時代に習国家主席の次と目された人がいて、それを崩してあえて後継者を作らないようにしています。後継者は必要な時に議論するはずです。中国河北省の北戴河《ほくたいが》で行われる長老会議も長老に根回ししながら意見を吸い上げ、丁寧に説明しながら落とし所を探って誰もが表立って反対しないように進めました。今、中国は平和と安定を尊重し、そのため国内の治安維持の予算は軍事予算よりも大きいと言われています。

日本の役割は米中の仲介役

土屋　瀬野さんは「ダイヤモンドオンライン」のインタビューに「言ったことはやり遂げるのが中国だ」と答えています。一方、日本は「失われた30年」や「決められない政治」などで1人当たりＧＤＰが世界27位まで後退しました。日本経済研究センターは２０２２年に日台が逆転し、２０２３年に韓国に抜かれるとの試算をまとめたので、世界27位も危ういです。国際競争ランキングは世界34位です。日本の経済は凋落が著しく、これに超少子高齢化が拍車をかけてにっちもさっちもいかない状況です。

経済力でも防衛力でも敵わない中国と睨《にら》み合うよりも相互理解や共助のほうがよりコストも抑えられ、かつ平和な関係が築けます。中国は昔から朝貢国に貢ぎ物の3倍の土産を持たせるような懐の大きな国だそうです。もはや日本は先進国ではないのでサミット（主要7カ国首脳会議）への参加を返上し、中国の朝貢国になるぐらいの覚悟で小さな政府、道州制への移行、消費税率20％アップ（食料品非課税）など行財政改革に邁進する必要があると思います。

瀬野　日本は中国とは2000年以上の歴史もあって、同じように漢字を使うし食文化も近い。少なくとも欧米の人たちに比べれば中国のことが分かりやすい立場にある。米中関係に少なくとも誤解が生じないようにするのが日本の役割だと思います。アメリカも文化的、歴史的に近くにいる日中が喧嘩《けんか》するよりも仲良くしているほうがアジアの安定につながると思っているに違いありません。日本がやるべきは中国といがみ合って防衛予算を増額するよりもアメリカと中国に戦争を回避させる役どころを担うべきです。アメリカと中国との相互理解を通訳や翻訳者のような立場で、「本当のところはこうだ」という背景の説明や本音のところをお互いに伝え合う橋渡しの仕事をするべきだと思います。

土屋　アメリカの民主党ジョー・バイデン政権は人権を重視しています。日本は中国の人権問題にどう向き合えばいいと思いますか？

瀬野　中国には中国の人権思想があります。一見すると西側の価値観に合っていないようなことがあって人権を侵害しているようにしか見られません。中国は5000年の歴史の中で、習国家主席が「生存権が最大の人権だ」と言っているようにゼロコロナ政策や貧困からの脱却、豊かな生活の実現に力を注いできました。アメリカに本当に人権があるかというと、白人警察官による黒人射殺や撲殺、最近では連邦議会襲撃事件などがあり、中国としてはそんな国に言われたくないという思いが強いでしょう。中国に人権がないとは中国が認めていないし、私も中国は中国なりに努力していると思います。新疆《しんきょう》ウイグル自治区での綿花の強制労働の話でも証拠が全く出ていません。中国は「機械化で人力による栽培などない。見に来てほしい」と言っているのに、アメリカが行きません。半分思い込みで人権の抑圧と言っているのかもしれません。おそらく真実は双方の言い分の中間あたりでしょうが、そういう懸念を生じさせないような橋渡しが日本の役割です。

土屋　孟子は約2300年前に「民本」、「民を国の本《もと》とする」という考え方を唱えました。その後の中国の王朝は官僚制に支えられた皇帝による専制政治でありながら一般庶民の公論（世論）にも耳を傾けていました。当時の「士大夫《したいふ》（科挙出身の高級官僚）」を「共産党の指導者」に置き換えれば現代の中国の政治体制と同じように映ります。

瀬野　「人民に奉仕する」をスローガンに発足した中国共産党は現在、アメリカに追いつくほどの勢いでGDP世界第2位の経済成長を遂げ、14億人のややゆとりのある生活を実現しました。「人民」を政治の中心に置けば、2049年の2つめの目標も実現するでしよう。イギリスの歴史家ジョン・アクトンが言った「絶対的権力は絶対的に腐敗する」という自戒が政治体制を運営する指導者に求められます。

土屋　外務省退職後に一般財団法人MarchingJ財団の事務局長として何を担いましたか?

瀬野　SMAP(2016年末解散)や嵐、KinkiKidsなどを生み出したジャニーズ事務所はエンターテインメントの活動がメインですが、過去に阪神・淡路大震災の際にJ-FRIENDSを立ち上げ支援活動を行いました。東日本大震災でもMarchingJがファンからの寄付や事務所からの義捐金を被災地に届けました。ジャニーズ事務所の代表が「仙台の動物園にパンダが来たら被災地の子どもたちに笑顔が戻る」と考え、重慶総領事退職直後の私にオファーがあり事務局長を務めました。ただしパンダの誘致は日中関係が良好でないと難しいので宙に浮いた状態です。財団は設立10年で使命を終え2021年に解散しました。

日本人大嫌いの老人に両国が「仲良くできる」と言わせる

土屋　2018年に「第1回・忘れられない中国滞在エピソード」(日本僑報社)の1等賞を受賞されました。広州のおじいさんとの

広州のおじいさん一家と

エピソードに感激です。

瀬野　2度目の広州赴任の際、子どもたちの就学の問題がありました。長男と長女は現地で100年の歴史がある小学校に転入学させることができました。問題は次女の幼稚園です。外国人を受け入れてくれる幼稚園は全寮制で週末しか帰宅が許されなくて、手元で育てたい我が家の方針と相いれませんでした。途方に暮れていた頃、宿舎ホテルの好意で従業員の子弟が通う幼稚園に入園させてもらえることになりました。慣れない環境で心細がっていた次女を、先生方は熱心に面倒を見てくれました。中でも、女性の園長先生がことのほか可愛がってくださり、娘も日ならずして通園をすっかり楽しみにするようになりました。

ある日、園長先生が私たち一家をご自宅に招待してくれることになりました。そのご家庭は園長先生ご夫妻とそのご両親、それに中学生と高校生くらいの2人の娘さんの6人暮らしでした。2人の娘さんと我が家の3児はすぐに打ち解け仲良く遊ぶようになりました。園長先生のお父さんだけはなかなか会話に入ってきません。それがふとしたことで一緒に白酒（中国発祥の蒸留酒）の杯をやり取りするようになると、このおじいさんは、孫文が設立し、蒋介石《しょうかいせき》が校長、周恩来が政治部副主任という黄埔《こうほ》軍官学校の卒業生で、国民党軍の元幹部として上海で日本軍との激しい戦闘に参加し、戦後の今も戦友会会報の編集に携わり、自らも回想録を執筆していることが分かりました。

その後も家族ぐるみの交流が続き、ある時、「僕は日本人が憎くて、憎くて、大嫌いだった。上海の戦闘では大勢の戦友が日本軍に殺されて、自分だけが生き残ってしまった。優秀な戦友が亡くなって、なんで僕だけが生き残ったのかと自分を責めながら、日本人に会ったら戦友の仇《かたき》を討って、僕も早く戦友のところにいこうとずっと考えていた」と言われました。それが次に訪問した時は「あんた方の家族を見ているともう昔の恨みはなくなった。日本人も同じ人間なんだ。中国人と日本人が仲よく付き合えることが分かったよ」に変わり、私はとてもうれしい気持ちになりました。会って話せば分かり合えることを教えてくれた園長先生のお父さんとの出会いは忘れることができません。

土屋　反日だったおじいさんが瀬野さん一家との交流で考えが軟化した、とてもいい話ですね。さて、昨年は日中国交正常化50周年で「周恩来ブーム」が再来でした。

瀬野　周総理（当時）はピンポン外交などスポーツや文化、貿易などの民間交流を通じて、政治的に複雑で困難な正常化への道筋を作りました。中国紅十字会の李徳全会長（当時）に命じて3万4000人の残留孤児の消息を伝え希望者を無事帰国させました。日中国交正常化の調印後に田中角栄首相と大平正芳外相（共に当時）が北京で帰り支度をしていたら「上海にも寄ってください。私も一緒に行きます」と言われました。両国首脳が同じ機内で顔を合わせるのは極めて異例です。周総理は上海に赴くと2人を文革（文化大革命）を主導した四人組に会わせたそうです。自分の命を狙われてもおかしくない状況で一緒に上海に出かけた周総理は本当に気配りと勇気の人です。日本側も「上海に寄ってほしい」と言われた理由をようやく理解することができました。私たちは先人の労苦を考えて過去と現在を上手く切り拓いていかなければなりません。

エリゼ条約に倣って首脳や青少年交流を

土屋　2021年6月に日中協会の理事長に就任されましたが今後の抱負は？

瀬野　日中協会は1975年に設立されたのであと数年で50周年になります。一貫して日中友好がテーマです。いい時に友好を語るのは簡単だけど、今のように関係がギクシャクしている時こそ国交正常化の初心に立ち戻り、日中共同声明など「4つの政治文書」を原点として不動の姿勢で友好を第一にするのが日中協会の仕事です。

相互理解と信頼を深めていくために人の往来を頻繁にするのも重

日中協会シンポジウム（2022.9.13）

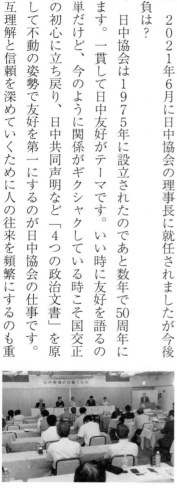

要で、日本の人に中国の様子を教え、逆に日本人が日本のことを中国に伝えていきたいと思います。私自身が高校時代に中国に関心を持ち始めたので、同様に高校生や大学生を大事にして次の20年、30年の日中の架け橋になってくれる人材を見つけたいと思います。それと今後は女性や地方の会員も増やしたいです。

土屋　日中の進路をドイツとフランスが結んだ「エリゼ条約」に絡めてお願いします。

瀬野　日中関係を改善する方策に、日中首脳会談と青年交流を条約で義務づけることを提案したいと思います。これには１９６３年にドイツとフランスが結んだエリゼ条約が大きなヒントになります。この条約は年２回の首脳会議、年４回の閣僚会議、年15万人の青少年の交流を義務づけています。民族も言葉も違い、戦争で肉親を殺された人も多く、ホームステイで自宅に泊めたくないと言う人たちを政府が「子どもに罪はない」と言って一人ひとり説得したようです。毎年15万人の若者が交流し、これまでに累計で１０００万人近くが両国間を往来しています。首脳会議も喧嘩していて黙々と食事だけ共にしたのも含め、年２回必ず履行されました。条約で義務づけられているからです。このエリゼ条約は２０２３年１月に締結60周年でした。３年前の２０１９年に締結されたアーヘン条約がさらに補強しています。27カ国から成るＥＵ（欧州連合）の中核が独仏両国と考えると、エリゼ条約が果たしてきた役割は大きいと思います。

土屋　日中両国はこれまで関係悪化を理由に首脳交流や青少年交流を度々中断させてきましたね。

瀬野　関係が悪い時ほど会ってお互いの真意を確認すべきなのに会わないとは子どもの喧嘩と同じです。青少年の交流の中断は未来をも犠牲にしていると言えます。私は日中両国が中核となって、共にこのエリゼ条約に学んでアジアの平和と安定を図っていくべきと考えます。

土屋　ぜひそうなってほしいと思います。

瀬野　ドイツとフランスの人口が1億5000万人程度に対し、日本と中国は15億人で10倍です。独仏が年間15万人の青少年交流があるのであれば、日中はその10倍、年間150万人の往来があってもいいぐらいです。それを阻む障害はビザです。日本から中国には15日間までならビザなしで渡航できますが、中国から日本には2010年に大きく緩和されたとはいえ簡単に来日できる状況になっていません。この点、日本は中国に合わせてノービザで中国の若い人が気楽に2週間来日できる環境を整えることが大事です。

中央広播電視総台主催円卓会議(2022.11.2)

「4つの政治文書」に共通するのは「武力による威嚇《いかく》や戦争に訴えない」です。1回入れたから十分ではなく、大事であれば同じことを何回も繰り返さないといけません。日中間の「5番目の政治文書」ができるとすれば、それは声明でも宣言でもなく国際法上の遵守義務を有する「条約」が望ましいです。仮に第2の条約が締結されるとすれば、その中に「日中不再戦」を義務として入れると同時に「青少年交流」と「政府首脳の交流」の義務化を書き込んで欲しいものです。習国家主席の来日時にでも新しい条約作りに向けたプロジェクトチームを立ち上げて、締結50周年を機に第2の日中条約ができればと思います。

土屋　「日中不再戦」「青少年交流」「政府首脳の交流」ですね。

瀬野　そうです。なお、戦略的互恵関係を掲げた2008年の日中共同声明は「初めてお互いを褒《ほ》め合った」画期的な政治文書です。一衣帯水（一筋の帯のような狭い川や海。また、そのような狭い水を隔てて近接しているさまの意）の日中関係は離婚も別居もできない夫婦のような間柄で、仲よくするしか道がありません。喧嘩していれば、嫌な思いでアジアの中で共存していくことになります。「夫婦間の愛情は、お互いが飽きそうになった頃、やっと湧き出してくるようなもの」というオスカー・ワイルドの言葉もあります。

今、お互いの意識調査では日本の中国嫌いが9割、中国の「日本嫌い」はコロナ前から十数ポイント増で66％超です。こういう時こそチャンスです。中国に「人敬我一尺、我敬人一丈」（孝経）の言葉があります。「相手に尊敬されればそれを10倍にして返す」のが中国伝統思想です。悪口を言い合うのでなく、良いところを認め合い、相手の素晴らしいところを「褒めて褒めて褒めちぎる」ことが両国関係を改善する秘訣だと思います。

第5章　朦朧の日中、天心の「アジアは一つ」を目指せ

佐藤志乃　日本美術史研究家・公益財団法人横山大観記念館学芸員

1968年生まれ。筑波大学大学院芸術学研究科博士課程修了。2001年「朦朧体についての研究～菱田春草の作品を中心に～」で博士（藝術学）。2014年『「朦朧」の時代～大観、春草らと近代日本画の成立～』（人文書院）で第64回芸術選奨新人賞受賞。公益財団法人横山大観記念館学芸員、東京都立大学プレミアム・カレッジ非常勤講師。専門は近代日本美術史。

明治の巨人や傑物は枚挙にいとまがない。この時代の日本は欧化による近代化、国粋やアジアの精神を維持する勢力とに二分される。後者の代表、岡倉天心は日露戦争開戦時に渡米し物質文明を掲げた列強のアジア侵攻を痛撃、国際社会における日本の立場の正当性を訴え、『The Awakening of Japan（日本の覚醒）』などを英文で上梓し、アメリカ世論を日本有利に導いた。欧化をハイカラ、アジア派をバンカラと対象化した『バンカラの時代』、天心とその弟子たちが絵画で新時代を担う奮闘ぶりを伝えた『「朦朧」の時代』を著した近代日本美術史家の佐藤志乃さんに明治の日本人論、アジア論などについて聞いた。

明治で生涯を閉じた春草
昭和33年まで生きた大観

土屋　佐藤先生の東京都立大プレミアム・カレッジの授業「日本美術の流れ」「近代日本美術」で「江戸時代までの日本人は中国にあこがれ、当時の知識人は漢詩・漢籍の素養があり、屈原《くつげん》や董其昌《とうきしょう》など逸民・文人画に惹《ひ》かれた」「岡倉天心は中国語も英語も堪能な中、『One Asia（アジアは1つ）』を提唱し日本美術の地位を高めた」は衝撃でした。佐藤先生が近代日本美術史などの研究を始めた動機は？

佐藤　文系でも政治経済が苦手で文化なら楽しく学べるだろうと思い大学の芸術学コースに進みました。芸術美術品に興味が湧き歴史も好きだったので文化史にたどり着きました。大学1年時に司馬遼太郎『竜馬がゆく』（文春文庫）全8巻を読了し、当時の日本は列強に囲まれ結構危なくて一歩間違えれば侵略されていたかもしれないと分かった。日本が大きく変わった近代、幕末明治を知らないといけないと思って研究することにしました。

土屋　ペリー来航前後にもロシアやプロシアが虎視眈々《こしたんたん》と日本の北海道あたりを狙っていました。イギリスは、琉球侵攻で豊かな財源を背景にした薩摩藩に武器を大量に供給しました。徳川幕府はイギリスの覇権の脅威からフランスと手を結びました。しかし当時のフランスは技術力でも外交力でもイギリスに後れをとっていたのが幕府の痛手でした。

佐藤　最近、片山杜秀《もりひで》著『尊王攘夷《そんのうじょうい》　水戸学の四百年』（新潮選書）を読みましたが、ペリー来航前あたりから異国船がチラチラ訪れ、水戸藩の漁師たちが片言でやり取りしていて、この地は異国に対する危機感がすごく強かったようです。それと尊皇思想がミックスして「水戸学」に大成していったのはよく分かる気がします。異国船の出没は土佐の桂浜も同様です。思想が芽生えていくのは地政学の影響も大きく左右しているのかな？

土屋　水戸藩は「烈公」と言われた徳川斉昭が攘夷論を主張し、彦根藩主の井伊直弼《なおすけ》（後に大老）に政争で敗れ謹慎蟄居《ちっきょ》の末、水戸で急逝しました。支柱を失った水戸は天狗党と諸政党に藩論が二分し、藤田東湖の意志を継ぐ天狗党が京を目指したものの斉昭七男で開国派の徳川慶喜（後の第15代将軍）から352人が斬首に処せられる悲劇がありました。

佐藤　明治になると桜田門外の変に関わった尊攘の志士、水戸の藤田小四郎などが理想的な壮士像として挙げられました。東京大学でも明治14、15年頃、東湖の思想が尊重され、学生が「東湖遺稿」や「回天詩史」を盛んに愛読し、「正気歌」を暗唱するほどでした。それにしても水戸は藩の分裂で多くの優秀な人材を失い新政府でも蚊帳《かや》の外でした。

土屋　佐藤先生が明治の岡倉天心や横山大観に興味を抱いた理由は？

佐藤　美術史で幕末明治を選択しようとしたときに、天心、大観は重要な人物で外せません。天心は武家出身ながら福井藩の藩命で貿易商になった父親と早逝《そうせい》した母親との間に横浜の本町5丁目（現・横浜市中区本町1丁目）で生まれました。幼少の頃から漢籍と英語を習ったことでナショナリストと国際人の両面を持ち合わせました。大観は水戸の武家の生まれで、明治の生活が厳しく東京美術学校時代にアルバイトにいそしんだようです。

土屋　2022年4月のカレッジ修了後の有志の懇親会で「天心と大観と（菱田）春草の時代に生きていたとして夫は誰がいいですか？」と尋ねたら佐藤先生はロマンチストの天心でした。

佐藤　ああいうタイプはいなさそうじゃないですか、日本に。活躍する男性は女性関係もすごく精力的で広いと思います。いろんな分野でエネルギッシュなので日本のために頑張ってもらいたいです。その活躍を、家を守りながら見つめて自分の芸術も高めたいです。

土屋　公益財団法人横山大観記念館にお勤めですが、大観評は？

佐藤　大観は天心以上に気迫がある。最晩年になっても衰えない。80代でもすごい画を描いていてエネルギーを感じます。今日ああいう画家は思いつかない。やはり時代が生み出した人物だと思います。今の時代はああいう人を求めていないし、出てきても、いや出てきませんね。私なんかが大観や天心を語るなんて申し訳ないぐらいの感じがし

横山大観記念館（大観の旧宅）

ます。

春草は大観と同年代ではあるけれど夭折《ようせつ》です。あの時代の芸術家は春草のように30代で亡くなるか、大観のように1958（昭和33）年まで生きて長命かの両極端です。時代が明治、大正、昭和の戦前・戦後、ものすごい変化です。もしかして繊細すぎて時代に対応できなかったのが春草かもしれません。大観のようなエネルギーと要領の良さといろいろ持ち合わせていればどんな時代の変化にもついていけたと、両者の画を見て思います。

土屋　春草は東京美術学校の卒業制作展で最優秀でしたが。

佐藤　生き急いだというか時代が終わるとともに亡くなった。春草はそのタイプです。あの方がもう少し生きていたら影を潜めたかもしれない。明治で燃え尽きた感があります。

土屋　山間の長野県伊那郡飯田町（現・飯田市）出身の春草と海が近くの大観は違った？

佐藤　明治維新に功績があった薩摩、長州、土佐、肥前の志士は海を見て生きてきました。長野県は国学が栄えたところなのですごく保守的です。蘭学者、国学者のどちらを多く輩出しているかで傾向がつかめます。土地の影響は大きいかもしれないですね。

土屋　同じ山に囲まれている同士でも県民性が異なるようです。南木佳士《なぎけいし》著『信州に上医あり　若月俊一と佐久病院』（岩波新書）に自分（南木）は群馬県出身だが隣の長野県民の論理性には敵わないとありました。長野県は保守的でかつ論理的なのでしょうか？

佐藤　島崎藤村の『夜明け前』（新潮文庫）は「木曾路はすべて山の中である」の書き出しで始まります。彼の父親がモデルの主人公・青山半蔵は平田国学を学び役人になりますが、活躍の舞台がなく発狂して座敷牢《ざしきろう》内で没するというストーリーです。明治の国学者にはそういうイメージがあります。信州木曾谷の馬籠宿《まごめじゅく》（現・岐阜県中津川市馬籠）には外国人観光客が来ても考え方はなかなか変わらない。

天心は理想や歴史を奨励
雅邦は「心持」を指導する

土屋　狩野派の最後を飾った狩野芳崖《ほうがい》という人は相当な実力の持ち主だったとか。天心が東京美術学校の主任教授に採用したところが、大作を遺して亡くなりました。

佐藤　遺作の《悲母観音》ですね。本来なら教授でした。その後釜は芳崖の盟友の橋本雅邦です。芳崖は54歳の生涯で、7つ下の雅邦は47歳で教授に就任し72歳で没しました。

土屋　芳崖のことは狩野派好きのアーネスト・フェノロサが高く評価していましたね。

佐藤　フェノロサは父親がスペイン人で船上ピアニストとして渡米しました。当時のアメリカ人のほとんどが移民でしたが、ヒスパニック系なので結構差別を受けたようです。雇い外国人の中に優秀な人もいたでしょうが、あの時代に来日するのは高給が目当てか、日本の古美術に関心のあるコレクターか、新天地の日本に託してみようかという理由があったと思います。彼は日本美術を高く評価したという点ではすごく恩人に感じますが、日本の古美術品をタダ同然で購入して高く転売しているので歴史的に要注意人物です。

土屋　天心は東京美術学校時代、学生に日本画に意味を持たせることを奨励《しょうれい》したとか？

佐藤　日本画の優位性を思想的、理想的な方向へと求め、同時に西洋の写実に反発しています。画題の難しさや濁った色合いなどを見る限り伝統美術の特徴である意匠《いしょう》化されたモチーフや華麗な色彩といった室内装飾としての性質からも離れていました。

土屋　天心の理想画とは歴史画でもあったわけですね。

佐藤　『国華』（岡倉天心、高橋健三）の「発刊ノ辞」（『岡倉天心全集第3巻』〈平凡社〉に収録）にも「歴史画ハ国体思想ノ発達ニ随テ益々復興スヘキモノナリ」と述べているように、天心は歴史画の必要性を唱えていました。神話などの歴史は日本のアイデンティティーを表出し、日本人としての国民意識を高め、新時代、新国家の建設に向けて国民を啓《けい》蒙《もう》し育成する役割がありました。この頃、博文館から歴史上の偉人たちの伝記が定期刊行物として出版され、その挿絵を当時の日本画家が担当しました。「少年読本」シリーズは大観《水戸烈公》、春草《春日局》《山田長政》，下村観山《曲亭馬琴》、「世界歴史譚《たん》」シリーズは大観《孔子》、観山《釈迦《しゃか》》です。天心は彼らに画家個人の情感や意思が投影される表現を求めました。「自然であれ昔の巨匠であれ、それを『模倣』することは『個性の表現にとって自殺行為』である」と述べ、天心は客観的な写実や過去の芸術の踏襲を否定しました。明治30年代は個の自由を尊重する明治のロマン主義の流れもあります。

土屋　画壇で重鎮でもある雅邦は画学生になにを指導しましたか？

佐藤　雅邦は画家個人の独創性を重んじました。写生の必要性を説きながらそれに終始してはならないと。洋画は日本画よりも精緻にその骨格や形状を写すことができますが、時に「剥製《はくせい》」のごとくです。これに対し日本画には「生気」があると言います。雅邦の理屈は天心の「理想化」と一致し、これを「心持《こころもち》」と表しました。天心の東大時代の恩師、東京美術学校副校長フェノロサの「妙想」と同義と言われます。雅邦に師事した川合玉堂は「『心持』と云ふことは終始云はれた。趣きと云ふことにも通ずるだらうし、理想と云ふことにも通ずるだらう」と回想しています。

日本美術院歌「谷中鶯」と酒で天心中心に結束を図る

土屋　天心は「大酒家」と呼ばれ、東京美術学校長として、教授の雅邦、同校教員となった観山、春草、大観らを伴ってよく飲みに出かけたそうですね。

佐藤　1週間に1回以上、下谷（台東区）の松原楼などに繰り出しました。すごい酒量で「男は1升酒を飲めなくちゃダメだ」と言って杯を勧めました。「長夜の宴」は朝10時に集まり雨戸を閉めて100本の蝋燭《ろうそく》を灯して夜中の12時前まで繰り広げたそうです。

土屋　若い連中に酒を通してなにを鍛えたかったのでしょう？

佐藤　明治期によく言われた「胆力」、すなわち事にあたって怖れたり尻込みしたりしない精神力、ものに動じない気力、度胸や勇敢さだと思います。画の修養も天心は、当代作家の「迎合主義」を敲《たた》き、「芸術は畢竟《ひっきょう》気迫の発露である」と主張しました。また天心はよく「飛んでください、飛んでください」と声をかけました。これについては「生半可な根性で飛び切れるものではなく、独創性と気迫が必要なのだ」と説いたことがあるようです。新しい絵画想像への覚悟を画家たちに求めたのかもしれません。

土屋　明治でも下戸《げこ》だったり酒席が合わない人間は？

佐藤　東京美術学校の卒業生で助教授を務めた西村西崖は酒席が苦手だったことから天心との距離が次第に広がっていきました。

土屋　天心が東京美術学校を排斥《はいせき》された理由は？

佐藤　1896（明治29）年に東京美術学校の規模拡張案に伴う西洋画科設置で教授の黒田清輝がフランス式教育システムを導入しようとしたことで、伝統美術を奨励する天心の日本画科との間で衝突が生じました。いわゆる欧化派の攻勢が天心辞職の原因だと言われています。これには欧化の移植に積極的だった西園寺公望の介入も指摘されています。また、当時画壇の権威でもあった日本美術協会の幹部が天心と東京美術学校一派の革新的な方向性に反感を抱いていて、文部省に天心の免官を迫ったという説もあります。いずれにしても天心が校長の職を追われたことで、同校の教職に就いていた雅邦、大観、春草、観山、西郷孤月、寺崎広業、山田敬中らも一斉に辞職しました。

土屋　1898（明治31）年に天心が野に下り日本美術院を組織した当時の状況は？

佐藤　天心と交流のあったベンガル人たちは「岡倉先生を始めとする40人の絵筆を執った戦士たちは、彼らの新設の美術院に生命を確立するという大いなる試みのために、自分たちの持てる全てを犠牲にした」と述べています。こうした美術運動の精神的支柱の1つに「谷中鶯《やなかうぐいす》　初音の血に染む紅梅花　堂々男子は死んでもよい」という日本美術院歌「谷中鶯」があります。幕末志士たちの多くが漢詩や和歌を吟じたように、詩や歌には士気を鼓舞する、仲間との結束を固める大きな役割がありました。大観は志を同じくする仲間を「同気相求むる士」と呼び、周りは「武士」「戦士」「志士」「国士」と見ていました。

土屋　《屈原》はまさにこの時期の作ですね。

佐藤　大観は天心が東京美術学校を追われる事件を《屈原》で表現しています。屈原は楚《そ》の懐王から深く信任されながら、次の頃襄王《けいじょう》に「親斉反秦」の方針が退けられます。各地を放浪した末、秦により滅亡に瀕する祖国を見るに忍びず、汨羅《べきら》の川に身を投じたという悲運の生涯です。カレッジの授業の中で「祖国の滅亡を前に入水自殺するような人物を、自分の師匠の天心に当て嵌《は》めるのはいかがなものか？」と質問したのは土屋さんでしたね。あの後に私は先述の『尊王攘夷』を読んで、はっとしました。自分が命を落として地位も身分も全てなくしても、それでも自分の正義を曲げないで貫くというのは儒教や水戸学の美学として理想的な生き方です。それがかっこいい。悲劇の人物であると同様にヒーローということで《屈原》を描いたのだと思います。

土屋　なるほど。俳人・正岡子規も、大観の《屈原》に言及していますね。

佐藤　当時日本画壇で流行していた歴史画を「土塀の写生が出来ん人に、大きな歴史画が画けるとは到底思へない事である。怒つた様を現すには顔を真赤に塗り、憂へた様を現すには顔を真青に塗り、これが怒つたでございい、憂へた顔でございい、と見せるのは時代芝居の描き符徴であるが、今日の歴史写も先づこんな者であらう。（略）今の歴史画は謎のやうな者で、成程屈原ですか、道理で顔色憔悴、形容枯槁だと思ふた、と手を拍つて見物が合点するのが極点であらう。若し日本画の面目を発揮するといふ事ならば、これでは余りなさけ無い次第であるまいか」と批判しました。

国が急激な勢いで近代化を推し進めると、ひずみのようなものが表れます。それを画で表現した代表が《屈原》です。それは歴史的には非常に意味があることですが、無理やり和洋折衷にするとか、画技よりも頭や思想が先走っているような画が観賞者たちの画家への批判の対象になりました。画家本人たちも模索しているような段階。上手な絵師たちからすると、こんなの画ではないということになって違和感だらけです。いろんな部分がこなれていないし、混乱した時代を象徴するのが明治だなとすごく思います。日清日露戦争前後は国を背負っている感じがあっていろいろ重い。描くほうも必死だし、敲くほうも真剣。

土屋　天心を始め日本美術院の画家たちは文壇との結びつきも強かったようですね。

佐藤　広業や大橋乙羽、梶田半古、尾崎紅葉らとの交遊はよく知られています。天心は1890（明治23）年に根岸（台東区）に移り住み、根岸党の文士たちと交遊します。出版界のめざましい発展で文壇と画壇の接触を図っておこうと勘が働いたのかもしれません。大観も明治から昭和にかけて軍人や政治家、実業家や思想家などいろんな分野の先駆的なものすごいメンバーとのつながりがあります。画だけの世界ではないのです。それらが全部つながって、みんなが一緒に動いている感じがします。すごくダイナミック。

岡倉天心の旧宅（左の石碑は「アジアは一つなり」）

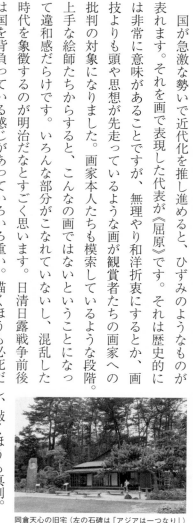

魚釣りで糊口を凌いだ大観・春草の五浦時代

土屋　日本美術院の資金難などで大観、春草、観山、木村武山は天心とともに茨城県多賀郡大津町五浦《いづら》（現・北茨城市大津町五浦）に移住し、「都落ち」と言われました。どんなところか興味を抱いて、カレッジ同期の亀平孝則さん江平秀子さんたちと天心記念美術館や天心の旧宅、五浦六角堂、映画「天心」ロケ地などをフィールドワークしてきました。

佐藤　それは素晴らしい。東京から片道3時間弱かかって遠いので泊りですか？

土屋　五浦観光ホテル別館大観荘に1泊しました。大観と春草の屋敷跡にホテルが建っています。日頃は使われない奥の特別室には大観コレクションも揃っていて30名ほど泊まれるそうです。

佐藤　春草は腎臓の病気で先に五浦を去り、大観は自宅を火事で焼失して現在の横山大観記念館がある台東区池之端に越しました。天心記念美術館ではなにを見ましたか？

土屋　天心の常設展示のみ見学しました。海岸の岩場には天心が設計した五浦六角堂がありました。東日本大震災で津波が直撃して流され、2012（平成24）年に再建したそうです。

白波と六角堂（茨城大学五浦美術文化研究所）

佐藤　茨城って海岸線が変化に富み太平洋が見渡せる。五浦海岸はリアス式でゴツゴツした岩場に黒松が力強くなびいていたでしょう。カレッジの授業でご覧いただいた松です。

土屋　風がビュービュー吹いて黒松が画から飛び出して、なびく感じでした。あの黒松は雄々しいですね。太平洋の荒波は寄せては返しで轟音を響かせていました。大観の《五浦の月》は昭和の作で中央に六角堂が描かれ、恩師・天心への追慕の様子が伝わります。

佐藤　昭和の戦時中は、天心の英文著書の翻訳や伝記本の出版がありました。また、天心終焉《しゅうえん》の場所（新潟県妙高市赤倉温泉）を保存維持しようと、大観を始め細川護立、福原信三（当時・株式会社資生堂社長）、前田青邨《せいそん》、安田靫彦《ゆきひこ》らが名を連ねて天心偉績顕彰会が設立されました。こうした機運の中で《五浦の月》は描かれました。

土屋　天心が五浦を選んだ理由は？

佐藤　茨城県多賀郡大塚村（現・北茨城市磯原町大塚）出身で天心に師事していた飛田周山がたまたま当地を案内して、天心が自分の足で確かめてこの辺りはいい場所だねということで決めました。水戸藩というのも意識の中にあったのではないかと思います。

土屋　映画「天心」のロケ地では画の制作に励む、武山、春草、大観、観山の人形がありました。現在最も有名なのは大観と春草の順だと思いますが、この2人の作品は当時なかなか売れなかったようですね。映画では春草一家の生活の困窮ぶりも描いていました。

佐藤　大観と春草は新しい日本画の摸索途上だから評価されないで雌伏の時期だったと思います。２人は食料がなくて魚を釣って糊口を凌いでいた時期もありました。

輪郭をぼかす「朦朧体」
伝統台無しと批判される

土屋　佐藤先生の『「朦朧《もうろう》」の時代　大観、春草らと近代日本画の成立』『バンカラの時代　大観、未醒らと日本画成立の背景』（いずれも人文書院）は紀伊國屋書店で購入しました。両書とも参考文献が豊富で大変な力作で労作ですね。「朦朧」の時代の画とは？

佐藤　大観、春草らに代表される日本画の表現方法です。彼らの絵画によく見られるような線描技法を用いないで輪郭《りんかく》をぼかした描き方です。発表当初は伝統を台無しにする画だということで多くの批判を浴びました。今では当たり前に受け止められています。彼らが西洋画に対してどう新しい日本画を構築していったか、明治の浪漫主義、大正のモダニズムと結びつき、さらにはインドの独立運動なども巻き込んでナショナリズムとも絡み合った「朦朧体」を手がかりに激動の時代を探ろうと思って描いたようです。

土屋　『「朦朧」の時代』で第64回芸術選奨新人賞を受賞されました。授賞理由は「近代日本画の革新は横山大観、菱田春草の『朦朧体』抜きには考えられない。氏はそれを絵画運動のみならず当時の幅広い文化の中に置き直し、その意味の多様性と広がりを時代相とともに鮮やかに浮き彫りにしてみせた。近代日本画研究を進展させる優れた著作として高く評価された」でした。ひと言感想をお願いします。

佐藤　２０１３（平成25）年1月に脱稿して4月初版でした。このように注目していただいたということは、それだけ天心や大観が歴史的に重要人物であると認識されている証左です。研究する側としても、重い責任を改めて感じました。

土屋　映画「天心」では大観と春草が天心から指導や助言がなくて不満気でした。

佐藤　天心の指導がなかった。うーん、あまり具体的なことは言わなかったようです。天心自体が画家ではないし、思想家らしい指導をしたのかなという感じ。あと大観も春草も汲《く》み取って自分たちで創作することができたと思います。大観も東大に行くぐらいの脳力なので頭がいい。春草も非常に礼儀正しく頭脳明晰《めいせき》で兄・弟とも大学教授です。東京美術学校は画塾でないため画の技を磨くのでなく、頭脳で勝負という部分も結構ありました。だから思想的なことを少し言えば、本人たちが考えて取り組みました。大観も春草も物足りないと思ったことはなくて困ったらなんとかひねり出しながら取り組んだと思います。

土屋　「朦朧体」が誕生した経緯は？

佐藤　天心が大観と春草に「日本画に空気、光線を描く方法はないか？」と示唆してできた作品です。まず主に絹地を水で濡らし、その上に墨や色を置く。それを乾いた刷毛で掃くと、淡くむらのないぼかしが広がるという方法です。「朦朧体」の名付け親は先述の西崖（ペンネーム・無名子）です。１９００（明治33）年の第8回絵画共進会の出品作に「矢張此展覧会での呼物になるやつは院の中堅画家大観、観山、春草等の作だらう。名をつければ縹渺《ひょうびょう》体とか朦朧体とか言ひたいやうな作ぶりだけれども、西洋画の所謂《いわゆる》全体の色の根調といふものをやらうとして居る所と『イムプレッシヨン』の或《ある》一面の現されて居る所とは感心する」と批判したのが最初です。

土屋　「朦朧体」は当初いいイメージではなかったのですね。

佐藤　官立の東京美術学校だから敲かれる。画で国家を代表したり牽引するような有為な人材を育てるという主眼がありますが、京都の四条派や浮世絵師たちから見れば筆の技法が中途半端で技術的なレベルに達していないわけです。画塾で徹底的に仕込まれるのは筆の技です。筆運びの技術。画師は市井の画塾で何年もかけて一所懸命学ぶものを、東京美術学校で2、3年修行したところで身につかない。基礎の技術がないから思想だなんだといって刷毛で描いてごまかしているのだという見方になる。昭和になれば大観はもう巨匠で何も言われなくなりましたが、今の評論家にも上手くないという意見があります。

土屋　春草の《賢首菩薩《ぼさつ》》が第1回文展（文部省美術展）で2等賞第3席になりました。

佐藤　明治の終盤で「朦朧体」への批判が一通り収束した頃です。そこまで叩くのは国の絵画だから、みんな見方が厳しいわけ。それが日露戦争が終結して日本が一等国として世界から認められる頃になると、画自体に国威発揚の役割が緩くなる。思想や歴史といった重いテーマを考える必要がなくなり肩の荷も少しずつ軽くなる。日本画らしい琳派《りんぱ》みたいな装飾的な画を出してもいいかなと。見る側もそんなに厳しい目ではなくなりました。

土屋　時代背景によって画の傾向も変わる？

佐藤　国が戦争して国民を啓蒙しなきゃいけない大変な時には装飾性なんて言っていられないけど、春草が評価された《落葉》は、1910（明治43）年の作です。当時は不平等条約も改正され国として少しゆとりが出る頃です。ある程度落ち着いてくるともっと明るくてもいいのではという雰囲気になる。画の役割が全然違います。画は楽しく見ればいいじゃないかという意見が出てきて、家に飾って鑑賞して楽しい画がいいと。そうしたときに春草の花鳥画は人気でした。画家のほうも大観の《屈原》のような、どんなに批判されても自分は自分の正義を貫くみたいな重苦しい画は描かなくなります。

土屋　「朦朧体」はやがて画壇にどのような影響を与えていくのですか？

佐藤　1912（大正元）年11月、『中央公論』が当代の「日本画界の四大家」として大観、観山、広業、竹内栖鳳《せいほう》を挙げました。この時既に春草は没していました。興味深いことに4人のうち3人が日本美術院系です。中でも大観が別格の扱いです。大正期には新世代の画家たちが「朦朧体」を踏まえて新しい表現を展開させました。次世代の今村紫紅は、大観の《流燈》、春草の《落葉》を見て大いに感銘し刺激を受けたそうです。

バンカラの悪行が許され国事奔走を優先した明治

土屋　佐藤先生の『バンカラの時代』は明治人の思考や気概がよくつかめます。雑誌『冒険世界』のテーマは旅行の実体験、冒険・探検譚、盗賊・海賊、近未来の戦争、怪奇もの、無銭旅行、大学評判記、書生の生活、スポーツ、偉人・英雄・豪傑の伝記などで読みたくなりますが、盗賊や無銭旅行などを掲載できたというのはとても大らかな時代ですね。

佐藤　驚くような蛮勇エピソードがたくさんあります。「野蛮《やばん》」であることが、良い意味で捉《とら》えられている。男子たるもの、これくらい豪胆であれという。今とは違いますね。

土屋　「バンカラ」を取り上げようと思ったきっかけは？

佐藤　この時代の雑誌や新聞を読み込んでいくとお酒を飲んでのバカ騒ぎ事件がいっぱい語られている。今の渋谷のハロウィン騒ぎよりももっとすごいことをしでかしている。時代も若者であればこれぐらい当たり前と結構賞賛している。そこまでする明治はすごく面白いと思って興味が湧いて、その雰囲気を取り上げて書こうと思いました。ただ飲酒騒ぎだけだとおかしなエピソード集なので、何か意味合いを持たせなければいけないと思い、「ハイカラに対抗するバンカラ」のバンカラ、「軟派と硬派」の硬派を取り上げています。

硬派はマントに高下駄です。西洋のハイカラとは服装からして違います。私の母校はお酒は飲まなかったけど、その雰囲気を残していてなじみもあったので、それを文化的に取り上げる。保守派、官学の学生、西洋かぶれのハイカラとは逆です。

土屋　もちろん天心とその弟子たちはバンカラですね。

佐藤　天心が酒量を胆力の度合いに比例すると考えていたのがなぜかという疑問もありました。大観も最初は厠《かわや》で戻したり無理をしながら飲んでいる。酒が飲めぬと意気地のない者、世に為《な》すなき者としてバカにされていました。男子として失格のような風潮が当たり前の時代は面白いなと。外国相手に戦わなければいけないので、度胸や覚悟を身につけるために、めちゃくちゃなところも必要、倒れても飲めみたいな時代だったと思います。

世の中的にもてはやされたのはワイワイ大騒ぎをしちゃう派です。帝大や旧制高校の学生は基本的に優秀な人たちで勉強ができて一目置かれる特権階級だから少々なら許されるというムードでした。その中のハイカラなタイプはバンカラを冷めて見ていたと思う。

土屋　『バンカラの時代』で疑問が解けました。私の祖父は25歳の妻帯で京都大学農学部農林経済学科の1期生として入学しました。卒業前に加藤完治という農本主義者の講演を聴いて官吏《かんり》の道を捨て茨城県の日本国民高等学校の研究生になって満蒙開拓移民の養成を目指しました。剣道や遠泳の達人で賀状も毎年800枚届き人望もありながら他国を侵略する満蒙開拓義勇軍に加担したのが疑問でした。根がバンカラで国事優先だったのですね。

佐藤　当時の日本は毎年50万人ずつ人口増のため移住先をみつける課題がありました。悲憤慷慨家《ひふんこうがいか》たちは支那問題に狂奔し、満州分割、朝鮮併合などの策を立てています。冒険家の中村春吉や中村直吉などは将来日本が雄飛し富国強兵を実現するために列強が注目していない資源がいくらでも隠れているアフリカや南米にも足がかりをと考えて勇猛果敢に世界を無銭旅行しました。春吉と直吉は名前が似ていても無関係です。

土屋　『バンカラの時代』に明治のベストセラー作家・伊藤銀月が『人情観的明治史』（文栄閣書店）で征韓論を巡り文治派の岩倉具視、木戸孝允、大久保利通らと武闘派の西郷隆盛、江藤新平、副島種臣、後藤象二郎、板垣退助らの相対する立場が「ハイカラとバンカラの争鬩《そうげい》に端を発するもの」と書いてあり、なるほどと思いました。

佐藤　近代日本は、近代化（欧化）と伝統保守、洋学紳士と東洋豪傑君、その両方があって成り立っているわけです。政治家にも同じような対立があったのでしょうか。

土屋　現在ニートや自殺が多いのはＧＨＱ（連合国軍最高司令官総司令部）がウォー・ギ

ルト・インフォメーション・プログラム（WGIP）で日本人の精神を骨抜きにしたからと信じていました。明治にも悩み多き「煩悶青年《はんもん》」がいて認識を少し新たにしました。

佐藤　徳富蘇峰が国の未来を担うべき理想的若者像を「青年」と称しました。意欲のある若者を、暴力的かつ放蕩《ほうとう》者の壮士と区別する意図もありましたが、蘇峰が求める青年像とは逆に精神的な悩みを抱え込む「煩悶」に結びつく内向的なイメージへと変容していきました。煩悶青年の象徴となったのが、1903（明治36）年5月に華厳《けごん》の滝から投身自殺した藤村操です。当時16歳で一高生だった藤村は「巌頭之感」という遺書を楢木の幹に削って遺しました。藤村の死後4年間、同所で自殺を図った者が185名に上りました。

アジアの文化を入れた日本簡単に欧化してはいけない

土屋　天心が1906（明治39）年にニューヨークで出版した『THE BOOK OF TEA』の大久保喬樹訳『新訳　茶の本』（角川ソフィア文庫）を読んで「お前さんたちは中国とインドの文化や思想を受け継いで今日に至っているが、その両国とも異民族の侵入や植民地化で文化や思想が途絶えている面がある。その両方の流れを受け継いでいるのは日本だからむやみに欧化しちゃいかんよ」と警策で喝《かつ》を入れてくれているような気がしました。

佐藤　日本は中国からいろいろ入ってきて、それが国内でこなれていくわけです。日本側の解釈だと一つの玄関が、歴史の積み重ねとして語られていると思います。その中で天心は西洋ではなくてアジアのものでという精神性から東京美術学校で「美術史」の講義を始め、アメリカで講演や執筆を通して欧米人に語りつつ日本人にも警鐘を鳴らしました。

土屋　日露戦争後に世界が日本を脅威とみなし黄禍論を唱える時期に天心が羽織袴《はおりはかま》姿でボストンの街を闊歩《かっぽ》していると現地人から「おまえたちは何ニーズだ？　チャイニーズか、ジャパニーズか、ジャヴァニーズか？」と声をかけられ「我々は日本人紳士だよ。ところで、あんたこそ何キーだ？　ヤンキーか、ドンキーか、それともモンキーか？」と返したのは痛快ですね。天心の『THE BOOK OF TEA』は欧米人によく読まれたのですか？

佐藤　天心は日露戦争当時、アメリカのボストンで上流階級のリベラルなインテリ層対象に英語で講演しています。その時、西洋文明を敲いているのに物質文明に疲れていたから意外に受けた。アメリカのセオドア・ルーズベルト元大統領も読んだという話です。

また、天心はインドのカルカッタ（現・コルカタ）でヒンドゥー教の高僧スワミ・ヴィヴェーカーナンダを訪ねました。ヴィヴェーカーナンダは１８９３（明治26）年、シカゴで開催された世界宗教会議に出席し、諸宗教の融和を説いて大きな反響を呼んだ人物です。会見した２人はたちまち意気投合し、東洋宗教会議を開くことを話し合いました。ただし、ヴィヴェーカーナンダが急逝して会議は実現しませんでした。天心がアジアやインドに刮目《かつもく》したのはヴィヴェーカーナンダとの邂逅《かいこう》が大きいと思います。

土屋　その世界宗教会議に満32の円覚寺派管長（当時）釈宗演も2回演説し、1897年に鈴木大拙を渡米させました。大拙は禅や仏教文化を海外に広く知らしめたようです。

佐藤　天心や大拙が渡米したことでブームに火がついたと言われています。スピリチュアル系の神智学と仏教を結びつけて興味を持ったインテリ層が出てきたのかもしれません。アメリカではメディテーションやマインドフルネスが未だに人気がありますね。

土屋　当時イギリスはインドに第1次大戦の従軍で独立を許すという約束を反故《ほご》にし、逆に取り締まりを強化し、人種、言語、宗教、イデオロギー、地理的経済的利害などに基づく対立、抗争を助長する分断統治や首都移転で民族運動の弱体化などを図りました。

佐藤　インドでは1857（安政3）年にインド大反乱が起こり、20世紀にマハトマ・ガンディーが非暴力・非服従の「塩の行進」を行いました。中国も孫文らの革命勢力が清朝打倒運動を広げ、漢人による武装蜂起をきっかけに1908（明治41）年に辛亥革命が起こり、1912（明治45）年1月1日、南京で中華民国が樹立しました。この時期は日本が一番力強く外に出て欧米に挑んだのだと思います。天心たちも中国大陸に2度出かけています。浄土真宗本願寺派第22代法主の大谷光瑞も学術探検の大谷探検隊を組織して19

02（明治35）年から1914（大正3）年の間に3回出て世界情勢を睨《にら》んでいました。陸軍軍人の白瀬矗《のぶ》はイギリスと競って南極まで行き「ここは我が国の土地だ」と言って日の丸の旗まで立てる。日本が西洋の列強と対抗するには同じ方法で一等国になるしかないと思ってイギリスを手本に植民地の獲得に乗り出しました。

土屋　イギリスの植民地はインドやエジプト、アフリカ、アジアなど遠隔です。近攻でないので恨《うら》みも届きにくい。逆に日本のように隣国を植民地にすると禍根が残ります。

佐藤　西洋の国々はアジアやアフリカ、南アメリカなどから資源を搾取《さくしゅ》して持ち帰り、いらなくなったら撤退する感じです。日本の場合は朝鮮半島も旧満州も日本と同化するために道路や鉄道などを整備し近代的なビルを建てました。よって西洋と日本では支配の仕方が違います。あと日本の1899（明治32）年頃は誰もが「恐露病」に罹《かか》っていて、ロシアの南下を食い止める緩衝地帯として旧満州を考えたのかなと思います。

日本が日清戦争に勝利以来、「東洋唯一の強国」を自認したけど西洋に太刀打ちできるとは誰も考えていなかった。列強から「支那分割」も取り上げられ、西洋はことごとく怖ろしいと思っていたようです。アメリカも帝国主義の野心を少しずつ日本に露《あら》わし始め、当時の一般的な国民感情として対米への警戒心が頭をもたげていた。こうした厳しい国際環境にあって、国の存立が危ぶまれ、国事を担う意識は国民の間に芽ばえていきました。

建築家の伊東忠太は1903（明治36）年から1905（明治38）年の約3年間、中国を皮切りにギリシャ、ヨーロッパに至る大規模な世界実見旅行を敢行しました。衰退している清国では政治が機能しなくなっていて、庶民たちは「どこの国でもいいから治めて欲しい」と言っていたようです。清国の人たちが政治を投げていました。憧《あこが》れの国の衰退を目の当たりにして相当ショックを受けて、満州国建設に邁進したのだと思います。

タゴールは日本の軍事行動を「伝統美を自ら壊す」と批判

土屋　佐藤先生は天心の跡をたどって中国とインドに行かれましたか？

佐藤　中国は観光旅行をした程度です。インドには西ベンガル州シャンティニケタンの大学に1年間留学しました。ベンガル語の勉強です。その間、大観と春草の画を見つけたり、あとは大観たちと一緒に行動していたインドの方たちの調査をしたりしました。

土屋　シャンティニケタンの大学とはラビンドラナート・タゴールが設立した国立タゴール国際大学ですね。タゴールは詩人としてアジア初のノーベル賞を受賞しました。

コルカタのタゴールハウス

佐藤　はい。タゴールは天心とも交流がありました。コルカタのタゴールハウスは美術館も附属し、ベンガルの画家の画もたくさん所蔵しているので通って調査をしました。

土屋　タゴールは日本人の自然を愛する美意識を高く評価しつつ１９２４（大正13）年の3度目の来日時に１９１５（大正15）年の対華21カ条要求を「西欧文明に毒された行動」、帰国してから１９３１（昭和６）年の満洲事変以後の日本の軍事行動を「日本の伝統美の感覚を自ら壊すもの」と批判しています。友人であった野口米次郎の「日本は中国を侵略しているのではなく、イギリスの走狗《そうく》と戦っているのです」に対し、「中国は、自分自身というものをしっかり保持しています。どんな一時的な敗北も、中国の完全に目覚めた精神を決して押しつぶすことはできません」（我妻和男著『人類の知的遺産61　タゴール』（講談社）「日本の野口米次郎への手紙」）と反論しています。

長野県軽井沢町の碓氷峠見晴台には高田博厚作「タゴール像」がタゴール生誕１２０年の１９８０年に建立され、壁の背後にはタゴールの言葉「人類不戦」が刻されています。

佐藤　『タゴール』著者の我妻先生は、私が筑波大卒後にご教示くださいました。天心や大観の渡印を調べたいと思って教えを乞いに行ったらインド留学を導いてくださったわけです。先生は、訪印の時はいつも「帰国する」とおっしゃるほどにインドを愛していらっしゃいました。ベンガルの魅力もたくさん教えてくださいました。インドの方々を日本に招いてタゴールの踊りや歌の会を催すなど、日印の文化交流にも尽力された方です。先生のゼミには、インドや中国、タイから来日した学生たちがいて、とても楽しそうでした。日本とアジア諸国との交流を大切に考えていらっしゃる様子がうかがわれました。

土屋　私は中国、インドとも観光です。中国では年々都市化を実感しました。インドは不思議な国ですね。対照的な動と静、美と醜、光と影、富豪と貧困等々が渾然《こんぜん》一体としてヒンドゥー教のシヴァ神の前では誰もが等しく跪《ひざまず》く。バラナシのガンジス河で沐浴《もくよく》体験や河岸の火葬場見学をしました。カジュラーホーの寺院の官能的なレリーフ群には驚きです。これを毎日見ていたら戦闘能力が失せ平和主義になります。実際インドはムガル帝国に約3世紀、イギリスの植民地が約1世紀、蚕食《さんしょく》時代を入れると約2世紀の支配を受けました。

佐藤　カジュラーホーには85カ所に及ぶ寺院が建立され、現存は25カ所のみです。偶像崇拝を認めないムスリムによって大半が破壊されました。残った寺院にはミトゥナ像（交合の彫刻）を含む官能的なレリーフ群も共通して見られ、いずれも豊穣《ほうじょう》祈願が込められているると言われています。そういう非常に奔放《ほんぽう》な表現をしていた時代もありながら、私の渡印の頃はカップルが昼間にデートもできないような非常に厳しい感じでした。

土屋　インドのカーストについてブラフミンとも言われるバラモン（聖職者・僧侶階級）から「我々の層は頭を使うのが得意で、クシャトリヤ（王族・武人階級）は腕力に勝れ、ヴァイシャ（庶民階級）は経済に長け腹を満たす、シュードラ（隷属民）は足で労働する――という各役割があり、昔は世襲ではなかった。ムガル帝国に征服されてから身分制度が固定化された」と聞きました。

佐藤　カースト制度の階級は厳しく綺麗に分かれていて各々に棲み分けがきちんとなされています。当時はそのほうが幸せなのかなと傍《はた》から見て感じました。上が下をいじめたり差別もあまり見ませんでした。役割分担や住む場所もちゃんと決まっていたからです。

土屋　インドとパキスタン、インドとバングラデシュの関係が良好でないのもイギリスによる分断統治が尾を引いていると言われています。

佐藤　ヒンドゥー教のほうが緩いというか寛容な感じがします。弟分のような感じの仏教を上手く取り込んでいて、様々な宗教が同居する日本の感覚に近いと思いました。

アジアは言語がおもしろい。特にインドのベンガル語と日本語が似ています。文法的にも語順が一緒です。言語って文化の基本ですよね。中国とは漢字が共通します。ベンガル語も日本と似た言葉が結構あるので西洋と違ってすごいつながりを感じます。

土屋「インド・ヨーロッパ語族」は、コルカタ上級裁判所判事・言語学者のウィリアム・ジョーンズがサンスクリットと古代ギリシャ語、ラテン語の類似を指摘してひと括りになったようです。「father・英語」「vader・オランダ語」「père・フランス語」「pater・ギリシャ語」の言語の共通祖語が「pitar・天竺《てんじく》（古代インド）語」である可能性です。

佐藤　言語がインドを起点に世界に伝播《でんぱ》していった……。私もインドに行って、風土や自然、絵画も文字も日本とは違うのに言葉だけは似ていると思いました。サンスクリットが中国を経由して日本に入っている。アジアという一つの文化基盤を考える時があります。

土屋　天心の「アジアは一つ」並びに日中関係を佐藤先生はどう捉えていますか？

佐藤　日本は自国を創り上げる上で中国やインドの様々な文化を土台にしているので、アジアの国との関係なしには語れません。あまりに幅広くて大変ですが、自国だけでなく異国の中国やインドから文化をどう取り入れていったのかというのはすごく興味が湧《わ》くテーマですから、その歴史も同時に勉強していかなければいけないと思います。日本は途中から西洋の文化が入ってきますが、その前の長い歴史はアジアのいろんな国々との影響がつまっているのです。そこから日本がどうこなしていくのかは大事なところだと思います。

江戸時代までの日本人にとって中国は漢詩・漢籍・文人画などを通して憧れの存在でした。明治になって欧化が推進されても天心や大観のように国粋やアジア回帰を真剣に考えた日本人は多数いました。日中戦争、日中国交回復を経て、現在の日本と中国の関係は大観や春草が観賞者から「朦朧体」と揶揄《やゆ》された１９００年当時のように霞がかっています。今後の日中両国は絵画を始め芸術などを通して一層協力していくべきではないかと思います。

第6章

「温故知新」「大同小異」「未来志向」で日中関係の改善を

朱金諾　全日本空輸株式会社常任理事

1955年12月、中国山東省曲阜市生まれ。1977年6月、北京外国語大学日本語科卒。同7月、中国旅行遊覧事業管理総局日本処に勤務。岡崎嘉平太氏のメイン通訳となり、岡崎訪中団に三十数回随行。中国国家観光局東京駐在事務所代表、中国国際旅行社総社日本課長、CITS JAPAN株式会社社長代行等歴任。1997年6月、全日本空輸株式会社に入社、CX推進室常任理事を現任。

中国外交部管轄の中国旅行遊覧事業管理総局、中国国際旅行総社に20年勤めた後、全日本空輸株式会社（ＡＮＡ）に飛び込んだのは北京外国語大学日本語科卒、日本語堪能な朱金諾氏である。日本の軍国主義者が中国を侵略して日中戦争になったと学校で習って以来、日本にいい印象を持っていなかったが、ＡＮＡ2代目社長で日中友好に生涯を捧げた岡崎嘉平太氏と出会い日本人観を大きく変える。ＡＮＡ入社後は中国路線の増便を提案し「アジアナンバーワンの航空会社」の一助になる。岡崎氏やＡＮＡ中興の祖とも言われる大橋洋治社長（当時）、映画監督のチャン・イーモウ氏との交流にも話が及んだ。

内モンゴルの下放から北京外国語大学に入学

土屋　朱さんは中国山東省曲阜市出身ですね。曲阜といえば孔子の生地では?

朱　曲阜市の3分の2は孔子の子孫で「孔」姓が多いです。僕は孔子とは縁もゆかりもなくて、山東省済寧市出身の父が山東大学で孔子の研究家でした。この山東大学の分校は、当時曲阜師範学校で、現在の曲阜師範大学です。上海市出身の母は曲阜師範大学の附属学校で国語の教師をしていました。１９６３年に対外文化交流を強化するために中央政府が対外文化連絡委員会を設立したので、僕も小学校から北京に住むようになりました。

対外文化連絡委員会は劉《りゅう》少奇（第二代国家主席）の指示で新設された役所です。同時に北京第二外国語大学も創設しました。今、第二外国語大学は教育部の管轄です。母は北京第二外国語大学でフランス語を学びました。その後、劉が毛沢東（初代国家主席）に文化大革命（文革）で権力を奪われ、対外文化連絡委員会は解散です。父も孔子研究家として批判され失脚しました。私は都市部から農村部に移り住んで働く「下放知識青年」となり、河南省の五・七幹部学校（農場）を経て内モンゴル自治区に3年半いました。当時は文革の真っ最中で大学は閉鎖し入試も中止です。毛沢東の大号令で農山村において再教育を受ける時代です。私は内蒙古生産建設兵団です。働きながら軍事訓練を受けました。

土屋　その建設兵団を終えて大学にはどのように？

朱　文革は1966年から毛沢東が亡くなる76年まで10年間続きました。大学が閉鎖し入試が中断したのも1968年です。その間、鄧《とう》小平が国務院副総理に復活した1973年に中央政府が模範的な労働者・農民・兵士に全国普通高等学校招生入学考試（高考）を再開し、推薦入学を復活させました。「労農兵大学生」です。この時期、習近平（現・国家主席）が清華大学、王岐山（前・国家副主席）が西北大学に入学し、私は北京外国語大学でした。1973年の入試はかなり問題になりました。遼寧省の下放青年代表として受験した張鉄生が白紙答案の裏に「公社での本業である農業生産に力を注ぐあまり学業が疎かになった。試験内容が知識に偏重し、試験そのものが労働者大衆に門戸を閉ざしている」と書いた。文革を指導した四人組に近い毛遠新らがこれを利用してすぐに推薦入試を中止しました。文革後、本格的に大学入試を復活したのは1978年です。王毅さん（現・外交部長）は大学入試が復活してから1978年に北京第二外国語大学に入学しました。

土屋　朱さんはどうして日本語の専攻を？

朱　英語専攻を希望して入試も英語で受けましたが、大学入学後に「日本語を勉強しなさい」と言われ、当時アジア・アフリカ語学部で日本語ほかも教わりました。今は日本語学科があります。たまたま内モンゴルに募集に来た責任者が戦前の京都大学に留学経験があり後に日本語学部教授になった李徳先生でした。その方の推薦もあったと思います。

土屋 教科書はなにを使いましたか？

朱 当時は江青など四人組の時代、文革前の教育を全否定したので教科書がなく、日本のプロレタリア文学の小林多喜二著『蟹工船』で勉強しました。あと中国政府が作った日本向けの3誌『人民中国』『北京週報』『中国画報』や大学の先生の手作りテキストです。

中国旅行遊覧事業管理総局で岡崎訪中団の通訳等を務める

土屋 大学卒業後の進路は？

朱 当時は計画経済なので自分の希望するところに就職できません。全て国の計画に基づいて配属されます。僕は日本の外務省にあたる外交部の管轄の中国旅行遊覧事業管理総局に配属されました。中国政府の民間外交における窓口です。文革時を含めて中国政府は当時外国人の入国に対して厳しい制限を課していました。政治家や海外の友好団体を含めて1980年代中期までは全て中国旅行遊覧事業管理総局を通さないとダメでした。海外在住の華僑（台湾や香港、マカオなどを含む）の窓口は香港中国旅行社です。日本を含めて、外国人の訪問団全てこの中国旅行遊覧事業管理総局が在外公館に招聘《しょうへい》状を出してビザを発給しました。実は国内では中国旅行遊覧事業管理総局で、対外的には中国国際旅行社総社（ＣＩＴＳ）という民間外交の窓口です、1つの役所で2つの名称がありました。

当時中国旅行を専門に扱う日本の専業旅行社は①日中友好協会（全日本中国旅行株式会社）、②株式会社日中旅行社、③日中平和観光株式会社、④新日本国際株式会社、⑤関西国際旅行株式会社、⑥日本旅行開発株式会社――の6社ありました。日本の専業旅行社が毎年中国で交渉し枠をもらって訪問団を派遣します。当然、株式会社日本交通公社（現・株式会社ＪＴＢ）、近畿日本ツーリスト株式会社などは認可がないので、中国改革・開放の1978年まで専業旅行社の枠で「友好の翼」を募り、友好交流団を派遣しました。

土屋　日中友好協会は岡山県後月郡芳井村（現・井原市芳井町）生まれで上海と東京で内山書店を経営していた内山完造さんが始めたと岡崎嘉平太さん（全日本空輸株式会社〈ＡＮＡ〉元社長）の『岡崎嘉平太伝　信はたて糸、愛はよこ糸』（ぎょうせい）にありました。

朱　内山さんは魯迅《ろじん》の強力な支援者でした。日中友好協会正統本部会長を務めた黒田寿男先生（元衆院議員・弁護士）も岡山県津高郡金川村（現・岡山市北区）の出身です。

土屋　現在のような受け入れ体制になったのは？

朱　「新時代の遵義会議」と称される1978年の中国共産党第11期中央委員会第3回全体会議（第十一期三中全会）で文革期の清算や改革開放路線を決定すると、毛沢東の後継者・華国鋒（元・国家主席）が失権し、鄧小平（元・中央軍事委主席）が権力を掌握しました。それ以降の改革開放政策で観光を通じて海外との交流を拡大、外貨を稼ぐために1985年趙《ちょう》紫陽首相（当時）の時に、中国旅行遊覧事業管理総局を外交部から切り離し、国務院直属の組織に編成、各省・直轄市・自治区に旅游局（観光局）を開設しました。私の就職時は、数少ない対日窓口である中日友好協会や中国国際旅行社総社の関係で数多くの友好訪問団を受け入れました。そういう仕事の関係で、私は岡崎先生始め、VIP（要人）の通訳を担当させていただき数多くの要人のお客様をご案内しました。

岡崎先生は1962年に松村謙三訪中団に同行して周恩来総理（当時）との交渉を通じて国交正常化実現のためにまず民間貿易という基本合意ができて同年11月9日北京で日中覚書貿易の調印式が行われました。中国側代表・中日友好協会会長の廖《りょう》承志先生、日本側代表・高碕《たかさき》達之助先生（元通産相）の頭文字を取って「LT貿易」です。国交正常化後の1974年までLT貿易を継承した「覚書貿易」の日本側代表世話人を岡崎先生が務められました。その関係で岡崎訪中団は中国国際貿易促進委員会（国貿促）で受け入れました。

土屋　1972年9月29日の日中国交正常化前に周総理は岡崎さんたちをねぎらいました。

朱　田中角栄首相（当時）の訪中直前の9月23日に、周総理は岡崎先生と覚書貿易北京事務所のスタッフを招いて小宴会を催しました。その時、周総理は「まもなく日中の国交が正常化します。しかし田中首相の訪中でそうなるのではありません。ここまでくるために日本の多くの方々が努力されました。我が国には『水を飲むときにはその井戸を掘った人のことを思う（飲水思源）』という言葉がありますが、そういう人たちがいたからこそです」と言って、松村先生、高碕先生、岡崎先生などの名前を挙げた後で「あなた方もその一人ひとりです」と言って、スタッフにもねぎらいの言葉をかけたと聞いています。

土屋　翌10月にはジャイアントパンダが初めて上野動物園に収まって、日中の強力な架け橋になりました。この時、パンダの輸送は日本航空株式会社（ＪＡＬ）で、岡崎さんの長男・彬さんが担当されました。彬さんはなぜＡＮＡでなくＪＡＬに入社したのですか？

朱　当時、パンダは煩雑な通関手続きが必要で定期便でないといけないことからＪＡＬが受託して、カンカン（康康）とランラン（蘭蘭）を運びました。その時の担当は彬さんです。彼はＪＡＬの貨物の第一人者で後に貨物本部長になりました。彬さん本人から「ＡＮＡだと親父の存在が大きすぎるから、あえてライバル企業にした」と聞きました（笑）。

岡崎訪中団のメイン通訳
約10年で三十数回務める

土屋　朱さんが岡崎さんと最初に会ったのはいつですか？

朱　1978年、岡崎訪中団の接待に先輩について私が初めて随行しました。その際、岡崎先生が当時国貿促の王耀庭会長に「周首相が逝去されて2年経ちました。今後私は旅行社のルートで家族、全日空社員及び郷里の友人たちと気軽に中国旅行をしたい」と言われました。その関係で岡崎訪中団の窓口は日中経済協会、日本国貿促訪中ミッションを除き中国旅行遊覧事業管理総局（国家旅游局）、対外的には国際旅行社総社に移りました。

翌1979年8月の北京・蘭州・敦煌・西安・成都を巡る「岡崎・土光訪中団」で私は初のメイン通訳として2週間ほどお供しました。メンバーは岡崎先生と経団連（現・一般社団法人日本経済団体連合会）現役会長の土光敏夫先生、岡山県出身の財界の錚々《そうそう》たるメンバー12人です。この訪中団は文革後の敦煌訪問第1号で岡崎先生も楽しみにしておられたのですが、敦煌に100年ぶりの鉄砲水のため敦煌賓館を始め敦煌市街が大水害に見舞われました。訪中前に安全のため当時の国家旅遊局が旅行社を通じて丁寧にお断りしました。しかし岡崎先生も土光先生も「敦煌の入口で構わない。どうしても行きたい」と言われ、ご一行は敦煌の手前の安西《あんせい》（現・瓜州《かしゅう》）の招待所に一泊して莫高窟を日帰りで見学しました。莫高窟初代所長の常書鴻先生夫妻が一行を快く案内してくれたことに感動した岡崎先生は回想録『終わりなき日中の旅』（原書房）に紙幅を割いて思いを綴《つづ》られています。

土屋　岡崎さんから朱さんにお褒《ほ》めの言葉があったとか？

朱　「朱君の通訳は声がよく通るから聞きやすい」と言われました。それから岡崎先生は明治30年のお生まれですから中国の古典に造詣が深くよく故事を引用されるので随分教えていただき勉強しました。岡崎先生は戦後１００回訪中されましたが最後の10年間で三十数回、私はメイン通訳を兼ねてお供させていただきました。

土屋　朱さんは人民網日本語版インタビュー企画第3回「日本からニイハオ」で「全日空との出会いは『縁』で「岡崎さんが私の日本観、戦後の歴史への理解、ある意味では私の人生まで変えた」と答えています。日本観や歴史観がどう変化しましたか？

朱　中国の教科書は日本の軍国主義者が中国を侵略して日中戦争になったと教えていたので私は日本にあまりいい印象を抱いていませんでした。ところが、岡崎先生と旅行中に四六時中一緒にいて、ＬＴ貿易、後の覚書貿易の交渉の裏話や苦労話も拝聴し、日中友好に対する先生の情熱、強い信念、命がけで取り組む姿勢に大変感銘を受けました。

土屋　交渉の裏話や苦労話とは？

朱　日中国交正常化以前に、両国が東京と北京に各覚書貿易事務所を置いて確実に機能していた時、佐藤栄作首相（当時）が中国と敵対する台湾を訪問し、アメリカと共に「中国が『軍事的脅威』である」との共同声明を発表しました。それを中国は「明確な敵視政策」と受け取り、日本に猛反発しました。運悪く貿易協定は5年契約が期限切れを迎え、新たな更新を必要としていました。その交渉テーブルは当然穏やかではありません。岡崎先生はこのパイプが一旦切れたら二度とつながらない、決裂は何としても避けなければいけないという強い覚悟から粘りに粘って議論に議論を重ね、遂に中国が折れたそうです。

私は日本から数多くの政財界の方々をお迎えしましたが、その中で一番尊敬しているのが岡崎先生です。岡崎先生は岡山一中、東京の一高時代から中国人留学生と出会って仲良くし、戦前の華興商業銀行や在中華民国大使館に勤務され、多くの中国人と語り合ったことにも関係すると思います。とにかくアジアの繁栄のために、日中両国は手を携えて共存しかないという強い信念をお持ちでした。岡崎先生との出会いで私はこういう日中友好に熱心な大先輩を大事にしなければと思いました。日本に対する認識を含めて私に大きな影響を与えてくださいました。我々の親しい友人は岡崎先生のことは「宇宙の人」と言います。一企業や一国のことを超えて常に大局的に日中関係や世界を見ておられるからです。

土屋 周総理も宇宙の人ですね。

朱 岡崎先生は周総理を一番尊敬し、自分の背広のポケットに周総理の刺繡《ししゅう》の写真を入れておられました。実は岡崎先生は周総理よりも1歳上で周総理が「私のお兄さんですね」と言ったら「とんでもないです。周総理は私の人生の師です」という会話がありました。私が1980年代の来日時にANA相談役室と財団法人日中経済協会（現・一般財団法人日中経済協会）の顧問室を訪ねると、いずれにも周総理の写真額が掲げてありました。

土屋　岡崎さんがいかに中国好きでも渡航100回とはすごいですね。

朱　「中国は奥深い」と言って中国が初めての知人を数多く誘われました。1989年の天安門事件の時がちょうど100回目です。岡崎先生は済南から夜行列車で北京に着いた5月20日に戒厳令が敷かれた話を聞かれました。私はすでに2回目の東京勤務の辞令が出たので北京だけご案内しました。当時学生と市民たちがバリケードを築いてメインストリートの通行ができない状態でした。全線随行の担当者から連絡を受けて、ステッカーに「周恩来総理の旧い友人、岡崎嘉平太訪中団」と書いてバス前方に貼ると学生や市民たちがそれを見て道を空けてくれました。このことは岡崎先生にとって感慨深かったようです。

土屋　岡崎先生は天安門事件について「周総理なら学生たちと話し合いで解決しただろう」と著書で述べました。1985年と1989年の東京赴任はどんな役目ですか？

朱　1984年12月に辞令をもらいビザを取って、1985年春から1987年夏まで初めて中国駐東京観光事務所に勤務・駐在し、主に日本市場の調査・マーケティング及び中国旅行への誘致活動を行いました。1985年に趙紫陽総理の時に鄧小平（当時、中国の最高指導者）の指示に基づき「観光事業を発展させよう、そのため各省・直轄市・自治区に旅遊局を設立して改革開放しよう」となりました。当時はまだ中国旅行の自由化前で厳しい制限があり、海外のお客さんを誘致するために海外連絡事務所を香港・東京・ニューヨーク・ロンドン・パリの5カ所設置しました。その5事務所は設立当時、中国国際旅行社の名義で登録しました。行政分離で外交部から切り離して国務院直属の局に切り替えるために香港を除き4事務所は中国政府観光局として登録手続きを変えないといけません。現在は中国文化旅游部の管轄で世界に26カ所あります。中国駐東京観光事務所の身元保証人は当時、日本交通公社にお願いしました。

1989年2回目の東京駐在は中国国際旅行総社の現地法人設立が目的です。日本は中国企業の新規申請にハードルが高く、当時東京華僑総会副会長だった方が日本の東方旅行社を売却したいと言われ引き受けました。CITS JAPAN株式会社の代表として、法人設立と登記登録変更を行い、大阪や福岡支店を設立して日本現地法人の経営を軌道に乗せました。

吉備真備像の建立話が難航
王震副総理を通すよう助言

土屋　作家の安部龍太郎氏が日経新聞紙上で「ふりさけ見れば」を連載中です。東京都美術館では2022年10月2日までボストン美術館展の《吉備大臣入唐絵巻》も好評でした。

共に遣唐使として中国に渡った阿倍仲麻呂《あべのなかまろ》と吉備真備《きびのまきび》が主要人物です。1986年5月8日、陝西省西安市のかつて真備が学んだ長安（現・西安）に「吉備真備記念碑園」が建設され除幕しました。これは岡山県の要望に朱さんの適切な助言が効いたとか？

朱　吉備真備は奈良時代に備中国下道郡付近（現・岡山県倉敷市真備町）で生まれ、遣唐使として2度派遣されました。2度目の帰国後に左遷を経て、地方出身者として珍しい右大臣に昇任します。その関係で岡山県の高橋幸定県議（当時）や長野士郎知事（当時）が吉備真備の記念碑を西安に建てたいという運動を起こしましたが、既に興慶公園の阿倍仲麻呂像、青龍寺遺跡の弘法大師記念堂（本堂）・記念塔があって、西安市は「諸外国との友好姉妹都市を含めて多すぎる」という見解でした。

岡崎先生は岡山県名誉県民で吉備真備も尊敬されていて、吉備真備記念碑建立実行委員会（現・岡山県日中懇話会）に名を連ねておられました。岡崎先生は西安市からいい回答が得られない中で訪中し、北京飯店での歓迎宴会終了後に相談があると言われました。その場で瞬時に思いついたのが岡崎先生の訪中時には、必ず王震《おうしん》副総理か谷牧《こくぼく》副総理、あるいは周総理夫人の鄧穎超《とうえいちょう》さんと会見されます。たまたまその時は王副総理の予定でした。よって「この件は地方の人民政府ではすぐ決められません。中央政府からトップダウンで結論を出してもらいましょう。明日、人民大会堂で、王副総理との会見の時にお願いされるのがいいと思います」と助言しました。私はもちろんその後すぐ上のほうに「岡崎先生から明日の会見で必ず吉備真備の記念碑の話が出ます」と報告しました。
翌日、王副総理が「岡崎先生のご要望は我々が必ず実現します」と応えると、岡崎先生は感動で涙しながら「感謝します」と言われました。北京の後で西安に着くと、陝西省の省長が迎えに来て、「王副総理から電話がありました。吉備真備の記念碑は陝西省・西安市が全面的に協力します。具体的な要望を聞かせてください」となって認可が下りました。

土屋　よかったですね。記念碑の場所の選定は？

朱　岡崎先生がかなり苦労され、最終的に長安時代に国士監という秀才を養成した大学の跡地、環城公園内に決めました。記念碑のデザインは日銀OBで著名画家、網干啓四郎先生が担当されました。岡崎先生と網干先生は1960年頃に貯蓄増強中央委員会で一緒に仕事をされたそうです。岡崎先生も網干先生も除幕式に参加されました。遣唐使の吉備真備についてはもっと国内で宣伝するべきです。岡山県の伊原木隆太知事と岡山商工会議所会頭で両備ホールディングス株式会社会長の松田久さんには何回も話をしています。

吉備真備像建立（中央が岡崎嘉平太氏、右隣が網干啓四郎氏）

土屋　吉備真備は片仮名を普及したとも言われ功績大です。ところで岡崎さんの長男の彬さんと岡山ガス株式会社会長の岡崎彬さん（前・岡山商工会議所会頭）は同姓同名ですね。

朱　よく間違えます。一昨年、松田さんの会頭就任祝の音頭を岡山一区選出の逢沢一郎衆院議員がとり、東京・千代田区紀尾井町のホテルニューオータニで開催しました。私も呼ばれて参加させていただきました。

岡崎嘉平太氏の卒寿に
成田—北京便を初就航

土屋　１９８７年４月16日、ＡＮＡは岡崎さんの誕生日に中国路線を開設しました。

朱　日本の航空憲法（敗戦後、日本の航空会社を世界水準に育成するための保護政策。10年以上、航空業界を拘束し縛りが厳しかった）の制約でＡＮＡは１９８５年以前に国際線の定期就航ができませんでした。政府の持株会社のＪＡＬだけ飛ばしました。その関係で岡崎先生は１９７２年の日中国交正常化時に中国路線の就航を強く希望されました。本来、国交正常化後に航空協定と漁業協定などを結ばなければいけませんが、航空協定は２年遅れました。台湾が先に日本に就航していて東京だけでなく地方にも飛ばしていたからです。中国政府は、台湾が中国の固有の領土で「一つの中国、一つの台湾」に反対しました。にもかかわらず、日本政府が台湾と断交後も乗り入れを認めていることに反発したからです。問題が解決して航空協定が結ばれたのは1974年です。その時、周総理が中国民航総局にANA乗り入れを指示しました。本来は互恵関係で1社のみですが、その時の航空協定は全く前例のないことでした。当時の中国民用航空局（CAAC）国際局長の李樹蕃さんは「これは岡崎先生が2代目社長のANAに対する中国側の配慮です」と言っていました。その結果、JALが定期便、ANAがチャーター便ということで決着しました。

実は国交正常化の直前もANAがチャーター機を派遣しました。田中角栄首相（当時）が訪中された1972年9月25日の前の8月13日に周総理の指示で孫平化さん（後に第3代中日友好協会会長）が団長として上海歌舞団を率いて来日した際、大平正芳外相（当時）との会談で田中首相の中国公式訪問を要請しました。その帰国の際は羽田空港からANAとJAS（株式会社日本エアシステム）のチャーター便を利用しました。その前例から田中首相の随行記者団もANA機をチャーターして北京入りしました。最初の大相撲北京巡業もANAです。1974年以降、ANAは当時ボーイング727の1機がフル稼働で年間100回もチャーター便を飛ばしました。

中曽根康弘内閣の時にJALの持株会社を解消して上場企業にさせました。その裏にはアメリカのオープンスカイ協定（規制緩和の方向で、国際航空運送について自由化を図る

2国間の協定）の影響でアジア・太平洋路線をオープンにしました。これで運輸省（現・国交省）はＡＮＡとＴＤＡ（当時・東亜国内航空株式会社、後の日本エアシステム）に国際線進出を認可しました。１年間の準備を経てＡＮＡは１９８６年、グアム、ロサンゼルス、ワシントンに就航しました。実は中国にも１９８６年の就航予定でしたが、いろいろ調整事項があって認可が下りたのは同年12月中旬でした。12月に飛ばす手もありましたが中国側の配慮で「岡崎先生が卒寿の4月16日にＡＮＡの成田発大連経由北京着の初便を歓迎します。北京で岡崎先生の誕生日祝いを盛大に催しましょう」ということになりました。

土屋　岡崎さんは30分間なにを話されましたか？

朱　当日の夜、中国政府の特別配慮で民航総局がアレンジして、人民大会堂で当時交通担当の李鵬副総理も出席の下、ＡＮＡの初便就航を祝いました。その席上で、岡崎先生は「やっと周総理との約束が果たせました。これからは日中友好だけでなく、アジアの平和と繁栄、共存のためにＡＮＡの諸君にはさらに奮起してもらいたい」と涙を流しながら挨拶をされました。これは原稿なしですから通訳が相当苦労したと思います。岡崎先生はしゃべると途中で止まりませんから(笑)。この様子は当時の北京支店長から直接聞きました。最近のＡＮＡの若い社員は岡崎先生のことを知らないので私も社内の啓蒙活動に駆り出されてこの話をすることがあります。

土屋　岡崎さんから最後の連絡があったのはいつですか?。

朱　天安門事件の後、岡崎先生から「秋に周総理の母校、天津市の南開大学で名誉教授の称号授与式が入ったのでよろしく頼む」と連絡があったのに101回目の訪中は実現しませんでした。岡崎先生は残念ながら1989年9月22日にお亡くなりになりました。東京・大田区のご自宅で階段を上っていた時に転んで頭を打たれたのが致命傷のようです。

社員とのダイレクトトークで誕生した「あんしん、あったか、あかるく元気!」

土屋　中国の公務員を退職してANAに移籍した理由は?

朱　既に元々英語教師で中国の国立教育研究所を退職した妻と1989年生まれの長男と一緒に来日していました。日本で暮らしてみて、子どもの教育にはこの国のほうがいいと考えました。当時の局長に話したらよく理解してくれました。その時、数社から話があったものの、岡崎先生から以前誘われていたので最優先でANAを選びました。

1997年5月下旬に私がANA人事部から内示をいただき、同年6月1日に入社しました。当時、ANAはまだ国内線メインの会社でしたから中国人社員、というよりも外国人社員第1号でした。入社以来、ずっと中国業務を担当しています。会社で、私が一番親しみを感じたのは岡崎先生の遺言を受けて中国路線を拡大した、旧満州の佳木斯《ちゃむす》生まれで岡山県高梁市出身の大橋洋治社長（会長を経て相談役）の存在です。

土屋　大橋さんには、ロッキード事件で東京拘置所の勾留《こうりゅう》から戻ってきた若狭得治会長（当時）に「絶対にやめないように」と直訴した逸話がありますね。

朱　慶應大学の卒論が「日中貿易論」です。父親に相談すると「ＡＮＡの岡崎嘉平太さんを訪ねてみなさい」と言われ訪問すると「ＬＴ貿易の資料はないので自分で探しなさい。話はしてあげる」と言われて4、5回通う間に学生でありながら自由に社長室を往来できて、いい会社だと感じて、岡崎先生に「僕も全日空に入社していいですか？」と尋ねたら「推薦はするけど、ちゃんと試験を受けて入りなさい」と言われたそうです。その関係で大橋さんは岡崎先生を生涯慕い、結婚式・披露宴の時も媒酌《ばいしゃく》人を引き受けてもらいました。

土屋　大橋さんは社長に就任した２００１年9月11日に起こったアメリカ同時多発テロ事件の余波を受けて世界的な航空不況の状態で経営立て直しに尽力されました。

朱　当時、国際線の成田発着はＪＡＬが独占していてＡＮＡは新たな権益がなかなか取れませんでした。取れたのは開港したばか

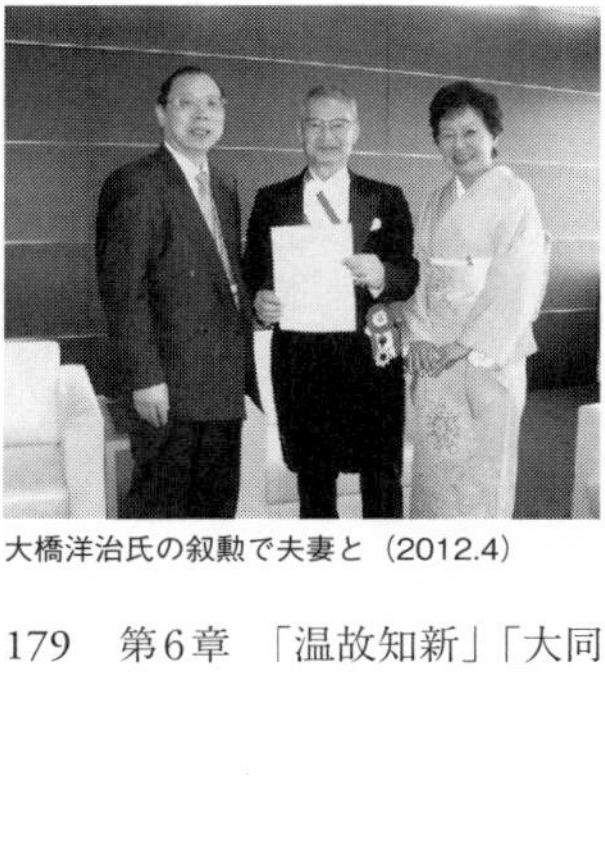

大橋洋治氏の叙勲で夫妻と（2012.4）

りで空港使用料が高い関空（関西国際空港）とパリ、ローマ、ミラノ、モスクワ等の欧米路線でした。私が入社した時、あの大上海は週2便だけで「おかしいですよ」と会社に提議しました。大橋さんが副社長兼営業本部長の時に、当時ANAの営業部門は品川で、年間10回以上中国出張にお供して、既存路線及び将来就航可能性のある都市を全部回りました。社長就任時に改革を断行し、赤字の欧米路線を整理する選択と集中の経営方針で、収益性の高い中国路線にシフトしました。「アジアナンバー1を目指す」という経営ビジョンも打ち出し、就任2年目に7年ぶりの復配を果たしました。アジアの繁栄のために足元の中国路線を拡大して、当時社内でも「JALに追いつけ、追い越せ！」という機運がありました。サポートできたことを誇りに思っています。

土屋　私は岡田晴彦著『絆の翼　チームだから強い、ANAのスゴさの秘密』（ダイヤモンド社）を読んで「あんしん、あったたか、あかるく元気！」の社風が素晴らしいと思い、2001年当時、ダイヤモンドビジョナリー編集長の岡田さんを雑誌で取材し、ANA・CS推進室CS企画部主席部員の澤谷みち子さんに講演会の講師を依頼しました。「あんしん、あったたか、あかるく元気！」はお客様だけでなく社内にも浸透していますか？

朱　もちろん社内にも浸透しています。大橋さんが社長になった時は9・11テロ事件、JALとJASの統合などでANAの経営基盤が脅かされる危機的な状況から「国際線の自立、復配、それが実現できなければ社長退任」という背水の陣を敷き、年間6000人以上の社員との直接対話「ダイレクトトーク」の中で誕生したのが「あんしん、あったか、あかるく元気！」のキャッチフレーズでした。

中国人社員の「嘉華会」でANAと中国の交流を促進

土屋　朱さんは大橋さんの指示で中国路線拡大に奔走し飛躍の一端を担いました。日本人はムラ社会を築こうとしますが、外国人社員第1号として困ったり嫌になったことは？

朱　よく尋ねられます。日本は日本的経営で終身雇用です。外国人から見れば、割と保守的で閉鎖的です。名門大学卒でも入社すると一から研修を受けて、企業文化やルールに従い、個人プレーでなくチームの役割が最も重要です。そこがアメリカや中国の企業とは大きく異なります。今まで、私がANAで日本人社員とぶつかったことも差別を受けたこともありません。私が一兵卒でなく管理職で入社したことも影響していると思います。最初が課長、3年後に統括課長、5年後に部長代理、8年目に部長となり、社内で「中国のことは朱さんに任せる」と経営層から温かく迎え入れてもらい、気持ちよく仕事をしてきています。分からないことは先輩や周りの人がとても親切にケアしてくれました。

土屋　朱さんは管理職採用なので周りの理解もあります。新卒だと？

朱　今、ＡＮＡグループの中で、東京ベースで採用した中国人正社員は契約社員を除いて63人います。その中にはもちろん差別や悩みがあって、上司との人間関係も上手くいかない人もいます。私は当時の大橋社長に相談して中国人社員会「嘉華会」を立ち上げました。岡崎嘉平太の「嘉」と中華の「華」で命名しました。岡崎先生の精神を受け継いでＡＮＡと中国との交流を促進していこうという趣旨です。メンバーとの定期的な交流勉強会と年２回の経営トップ等との懇談会を実施してきました。懇談会は課題ごとに人事部長やＡＮＡセールス社長、客室センタートップなどに声をかけました。

嘉華会懇親会

土屋　家庭だけでなく会社も共産党の組織も中国では家父長制ですか？

朱　中国企業の組織形態はアメリカ式に近いです。国有企業や民間企業、アリババやテンセントのようなＩＴ企業でもトップダウンと実力主義です。日本は企業に対する忠誠心や企業の社員に対する保障、信頼関係が尊重されます。

土屋　日本も最近は企業が非正規雇用の割合を高め、社員が流動的になっています。

朱　終身雇用の限界を感じている経営者もいるし、執行役員や社外取締役を置く大手企業も増えています。日本企業は変わりつつあるとしても、出る釘は打たれるという風土がまだ残っています。ただ私は単なるサラリーマンではないから会社の経営トップに対して、もちろん大橋さんにも「これはよくない。会社として変えたほうがいいです」と正々堂々とはっきり言ってきました。中国には「忠言耳に逆らう」という言葉があります。

土屋　住友財閥初代総理事、広瀬宰平《さいへい》の座右の銘は中国の古典『説苑』の一説「逆命利君、謂之忠」《ぎゃくめいりくん、これをちゅうという》です。「本当の忠義とは、上司や主君、たとえ国家の命令であっても、それが主家のため、国家のためにならなければ、敢《あ》えて逆らうこともあるべし」との意です。

朱　最近の日本人は遠慮深く上司に何も言わないので逆命利君がないです。嘉華会のメンバーもいじめを受けたり人間関係に悩んでいても声を上げません。もっと覇気が必要です。ＡＮＡもどちらかというとムラ社会で多国籍企業の人事制度をもう少し勉強しないといけません。今、中国、韓国、台湾、欧米から社員を採用していますが、これからは国際線の増便、生産量（提供座席数×飛行距離）の拡大で従業員の1割強が外国人と予想され、本社と海外支店の人事交流も行っています。私も人事部に提案して中国の現地採用のナショナルスタッフとの人事交流も進めました。中国での現地化を推進し、将来の幹部候補生を1年ほど本社で勉強させて、関係部署と顔を合わせ、研修も含めて人材育成を図るわけです。

土屋　ＡＮＡグループは中国路線を拡大、新型コロナ前に11都市、週１７８便に達し、中国便が国際線で最多となりました。日中両国の貿易総額を見ると2021年時点で3495億ドルと50年前の300倍以上です。アジアでナンバー1は実現しましたか？

朱　ご存じの通り、JALさんが2010年に経営破綻しました。ANAは急速に国際線を拡大して2017年に名実ともに国内・国際線で就航便数、売上げで日本一の航空会社となりました。経営規模においてはアジアナンバー1と言ってもいいと思います。

土屋　アジアでライバルの航空会社は？

朱　経営規模は小さいですが、「環境に優しい最新鋭の翼」「旅を彩るやさしいおもてなしと上質な空間」をポリシーに掲げ「先進性」「ホスピタリティ」「高いサービス」を実現するシンガポール航空（SQ）が質的にANAより少し上かもしれません。財務面も高評価です。SQは国内線がなく国際線に特化した多国籍の乗務員、チェックインカウンター、空港ラウンジ、機内サービスなどでお客様のニーズを満たしています。

土屋　3年余にわたり航空会社はコロナで冬の時代を迎えましたが、ANAの措置は？

朱　コロナがこんなに長引くとは想像もしていませんでした。中国は世界で一番厳しい水際対策として「ゼロコロナ」の方針を堅持していました。ANAが一番影響を受けているのが国際線で、全体でようやく4割程度まで戻りました。国内線はだいぶ復活してコロナ前の9割程度です。ANAはおかげさまで2年14半期ぶりに黒字に転換しました。20

22年度の黒字は実現できる見通しです。

「単騎、千里を走る。」の映画に「協力：ANA」が無償で入る

土屋　『旅日』に朱さんとチャン・イーモウ監督が友人同士とありました。昔のNHKスペシャル「高倉健が出会った中国」を観て、中国の改革開放後に最初に流れた映画が高倉健主演の「遙かなる山の呼び声」とありました。下放先でこれを観たチャン監督は映画に目覚め、それから中国の代表的な作品を次々残しましたね。

朱　違います。文革の時に外国の映画は上映できなくて、それが明けて改革開放で一番最初に放映されたのは「君よ　憤怒の河を渉れ」です。中国語訳のタイトルは「追捕」、主演の健さんは検事役で冤罪《えんざい》を晴らして最後に見事犯人を捕まえるというサスペンスです。文革の後、この映画を見た中国人はみんなものすごく感動しました。健さんと中野良子さんは中国で一夜にして国民的アイドルとなりました。次の「愛と死」、「サンダカン八番娼館　望郷」は栗原小巻さんが主役でした。

土屋　チャン監督は健さんに「単身で中国に渡ってきてほしい」と言

チャン・イーモウ監督と

って映画「単騎、千里を走る。」のオファーをしたとありました。チャン監督との邂逅《かいこう》や想い出のシーンは？

朱　チャン監督は日本の映画に衝撃を受けて映画人になりました。北京映画学院で撮影・映像を勉強してから監督になり健さんにチャンバラやマフィアの企画を持ちかけたら「自分が求める映画ではない」と断られました。新たな気持ちで提案したのが「単騎、千里を走る。」です。健さんは脚本を読んで即OKを出したらしいです。この作品でもチャン監督をサポートしました。実はチャン監督の同級生が僕の親友という間柄です。チャン監督の来日時に僕がチケットを手配したのが交流の始まりです。「単騎、千里を走る。」もロケ地が昆明の麗江だから依頼されました。「健さんが1人で来る。直行便がないから便宜《べんぎ》を図って欲しい」と言われ、ホテルと国際・国内線のチケットを含めアレンジしました。健さんは荷物が多く朝が苦手なので必ず成田全日空ホテル（現・ANAクラウンプラザホテル成田）に泊まってANAで北京、香港経由を含めて計6回ぐらいフライトしました。

チャン監督の映画フィルム製作は昔東洋現像所（現・品川プロダクションセンター）でしたが、最近はシドニーです。本人から「映画が完成した。健さんも大変喜んでいる。感謝したい。要求があれば応える」と言われたので「僕は当たり前のことをしただけで映画が完成してうれしいのは監督と同じ気持ち。もし可能であれば映画にANAのロゴを入れて欲しいです」とダメ元で頼みました。それまで彼が制作した映画に企業のロゴは全くありませんが、映画「単騎、千里を走る。」の最後に特別に「ANA」を入れてくれました。

土屋　すごいですね。「協力」ですか?

朱　協力。観客はANAが相当お金を支払って入れたのだろうと思ったようです。東宝が日本で放映した時も入っていました。実はANAは1円も払っていません(笑)。

土屋　あの映画は健さん以外の役者が全て素人の中国人ですね。京劇の演者は蘭州大学でコンピュータ専攻の息子に仕送りのために自宅と会社を手放し農業で家族を支える涙ぐましい人生です。演技中に息子を思い玄人の役者が敵わないような迫真の演技をしました。

朱　健さんとの映画作りがチャン監督の夢でした。日本での試写会は経団連会館で行い、チャン監督が僕を見て寄ってきて「謝謝」と言ってくれました。彼は日本のラーメンと焼き肉が大好きで、来日時は必ずどちらか食べに行きます。何度も付き合いました(笑)。

土屋　中国の文化事業への協賛は?

朱　僕が入社後に中国との関係を重視し、文化交流事業に協賛してきました。北京国際マラソンは2004年から4年連続で冠スポンサーです。TBSが生中継して増田明美さん(大阪芸術大学芸術学部教職課程教授)の解説です。大橋会長が「来年も」と言われましたが、2008年は北京オリンピックなのでスポンサーになれません。大連アカシア祭、大連国際マラソン大会、北京での日本映画週間や日本映画祭にも協賛しました。映画の関連はチャン監督がつないでくれました。

土屋　チャン監督は北京オリンピックと北京冬季オリンピックも担当しました。

朱　オープニングセレモニーと閉会式の総監督です。彼は監督の前は撮影のプロで色彩へのこだわりから「絶対に譲れない」とか言います。それが普通の監督と違うところです。冬季オリンピックではデジタルを使っていますが、色彩がなんとも言えないでしょう？

土屋　「鳥の巣」と言われるオリンピックスタジアムが映えました。

朱　「単騎、千里を走る。」では健さんはあの年齢でよく昆明まで行かれたと思います。健さんは残念ながら8年前に亡くなられました。チャン監督も習近平国家主席も我々の世代は全員、健さんのことをよく覚えています。

引っ越しできない隣国同士
仲良くしていく努力が必要

土屋　「サンダカン八番娼館　望郷」後の印象的な日本映画は？

朱　「日本、軍国主義の復活」というシリーズで日露戦争を描いた「日本海大海戦」、太平洋戦争の「トラ・トラ・トラ！」「連合艦隊」の3本です。「トラ・トラ・トラ！」はアメリカ映画が日本の軍人を描きました。
土屋　当時、毛主席は日本の映画が大好きで、瞿麦《くばく》氏（元・上海国際問題研究所日本室主任）に日本の敗戦を描いた「日本のいちばん長い日」（1967年版）や寅さんシリーズ、高倉健出演の映画などを翻訳させて数十本を観賞して、「日本に軍国主義の復活はない」「日本は先生だ」と言って周総理に国交正常化を急がせたというエピソードもあるようです。
朱　日本は反戦映画として制作したのですが、中国では国交正常化前で軍国主義復活として放映しました。当時中国の指導者は日本を教師と反面教師の双方で見たようです。
土屋　日中国交正常化50周年の昨年も両国の気運が盛り上がりませんでした。岡崎さんは『岡崎嘉平太伝』で「もっと日本は謙虚に、今の中国に対しても態度を変えなきゃいかん」と述べています。朱さんはどうすれば日中両国が友好を深められると思いますか？
朱　僕は国交正常化の10周年、20周年、30周年、35周年、40周年、50周年記念行事を経験しましたが、雰囲気は今回が最悪です。あまり盛り上がりませんでした。これは中米関係、台湾問題が底流にあるからと思います。メディアの影響を相当受けています。中国の友好団体が日本に友好的なメッセージを出しても日本のメディアが採り上げてくれません。今は中国が「脅威の国」「仮想の敵国」として日本の一部メディアが強調しています。
今後の日中関係に僕は3つの言葉を引用したいと思います。1つは「温故知新」で「故きを温《あたた》め新しきを知る」です。日中国交正常化時に周総理は「日中両国は子々孫々まで友好していかなければならない」「2000年の友好、50年の戦争」と言いました。日中には遣隋使から近代まで2000年の歴史があり、日清戦争から日中戦争の暗黒時代は僅か50年です。長い目で見れば日中両国は友好的に付き合い両国民に大きな利益を生み出してきました。50年前の日中国交正常化の共同声明、4つの文書を再度振り返る必要があると思います。

2つ目は「求大同存小異」で「小異を存《のこ》して大同を求める」です。両国では社会制度、生活習慣など部分的な違いがあっても根本的に重要な点で一致を求める原則を堅持していかなければなりません。今、経済安全保障の問題がクローズアップされていますが、日中国交正常化の時も尖閣の問題や日中戦争の賠償金の問題が出てきたら暗礁に乗り上げていたかもしれません。当時は国交正常化を急げという民意が強かったです。そういう意味では意見や見方が違っても小異を存してアジアや世界のために大同を求める。

3つ目は「未来志向」です。日中共同声明にもありますが、引っ越しができない一衣帯水の隣国として仲良くする。国と国との関係は長い目で大局的に考える。「五十にして天命を知る」、日中の成熟した関係構築のために共に努力していかなければなりません。

第7章 「砂漠の大画廊」敦煌は日中友好のシンボル

志賀建華 一般社団法人日中平和発展促進会理事長・株式会社遊路社長

1956年、中国甘粛省敦煌市生まれ。甘粛省酒泉地区役所から外事弁公室に異動。1981年9月、蘭州大学外国語学部日本語専攻卒、国際旅行社蘭州支社に勤務。1989年来日。1990年、株式会社日中平和観光に入社。1996年、日本国籍取得。1999年、株式会社遊路・株式会社遊路トラベルを創業。2018年8月、一般社団法人日中平和発展促進会を設立し理事長に就任。

「おもてなし」を標榜する日本人に「そこまでやるか」「期待以上のサービス」「天下無双」と言わせる旅行添乗員がいる。中国・敦煌市生まれの志賀建華さんである。彼女の父親は辺境の地に進んで赴いた役人。母親は「他人が先、家族は後」を実践し、子どもに「恩送り」を教えた。志賀さんは役所勤務時代に平山郁生、井上靖など多くの日本の文化人を接待・アテンドする中で日本語を学ぶ決意をする。蘭州大学卒後、旅行添乗員に。滞日33年。これまで多くの日本人を中国にいざなってきた。株式会社遊路社長のほか一般社団法人日中平和発展促進会理事長として日中の文化交流に努めている。

シルクロードの分岐点甘粛省敦煌で生まれる

土屋 ここ「東京中国文化センター」は好立地にありますが、どのような経緯で設立したのですか？

志賀 2008年に胡錦濤《こきんとう》国家主席（当時）が訪日した際、中国文化部と日本の外務省が締結した「文化センターの設置に関する中国政府と日本政府の間の協定」に基づき設立されました。2009年12月14日、習近平副主席（当時）と横路孝弘衆院議長（当時）による除幕式が行われました。日本政府が北京に設立した日本文化センターもこの協定によります。ここは虎ノ門ヒルズ駅近くで総面積が585平方メートルあり、日本人が中国の文化を理解する常設窓口で、両国間の文化交流や展覧会場としても利用されています。

東京中国文化センター

土屋 志賀さんは中国甘粛省敦煌《とんこう》市の出身ですね。かつてシルクロードの分岐点として栄えたオアシス都市で、仏教もこの地を通って漢に運ばれました。敦煌と言えば世界遺産の莫高窟と井上靖著『敦煌』（講談社・新潮文庫）などが有名です。訪ねた人はもちろん行ったことのない人も一度は名前を聞いたことがある都市です。どんなところですか？

志賀 敦煌は「砂漠の大画廊」「世界の地上の博物館」というようにいろんな代名詞があ

ります。敦煌の一番素晴らしい点は東西の数千年の交流の結果、何代にもわたって他民族との文化が融合されたところです。ほかにこういうところはなかなかありません。ゴビなど一般の内陸地にはない広い砂漠があります。その中で蜃気楼が見えて景色が良かったり、狼煙《のろし》台や長城の破片、遺跡など至るところに文化遺産があります。今でもそこで多くの民族が一緒に暮らしています。その結果、素晴らしい文化が誕生しています。

土屋　融合は人間の混血だけでなく文化まで。

志賀　ぶつかり合って新たな文化が生まれます。一番面白いのは昔のキャラバン（隊商）の人たちが物品を交換し、それが東西の文化に伝わっていきました。新疆《しんきょう》ウイグル自治区のキジル石窟に行くと、ブルーのラピスラズリ（青い石）の顔料が主流です。ラピスラズリがたくさん採れるアフガンから運ばれた敦煌莫高窟はキジルほどではないにしろブルーの世界です。今でもそのままの色が残されています。現代人では同じような壁画は作れないというほど当時の人間の信仰心、芸術に対する造詣の深さに触れることができます。

土屋　敦煌ツアーの参加者が「志賀さんの影響力が絶大だった。現地の人がなんでも言うことを聞いてくれた」と教えてくれました。

志賀　新中国を設立する前の中国共産党は各軍隊がグループに分かれて反共産の勢力と戦って町を開放していきました。そういう政策のもとで私の父は軍隊とともに敦煌に入って人民政府を設立し、敦煌解放区長として仕組みを作ったので、「敦煌人民政府を設立した功労者」と言う人がいます。昔、莫高窟に行った時、敦煌研究院接待部部長（当時）が同じ町に住んでいた友人でした。その紹介で臨済宗龍源寺住職だった松原哲明和尚が毎年のようにシルクロードを旅され、私が添乗しました。行くとみんな助けてくれます。

土屋　松原和尚と言えばシルクロードや般若心経など著書が50冊以上ある、中国に非常に詳しい方ですね。私の友人は中国旅行で漢詩を添削してもらったと言っていました。ところで、『人民網日本語版インタビュー企画　日本からニイハオ！』に志賀さんのインタビュー記事「観光を通じて中日友好」に「『他人に良くしてもらったら、10倍にして恩を返しなさい』と言われ両親に育てられた」とありました。これは孝経の「人敬我一尺、我敬人一丈」の教えに似ています。どんなご両親か、どんな薫陶を受けたか教えてください。

志賀　両親は貧しい家庭で育ち中国共産党に入党しました。父は最も辺鄙《へんぴ》で党の解放が必要な所に率先して向かいました。母は「人民解放軍の建軍の父」で毛沢東のナンバー2、当時副主席の朱徳さんの仕事のサポート後に父と結婚して行動を共にしました。１９５８年に敦煌から２７０キロ離れた玉門市にいた時、朱さん夫妻が視察のついでにヘリコプターで訪ねてきてくれたそうです。朱さんは中国共産党の権力闘争となった「文化大革命（文革）」で序列が大きく後退したものの、その後国家主席制の廃止に伴い国家元首格に復活してから亡くなりました。夫人の康克清さんは文革後に中国女性連盟主席に就任されました。

父親の仕事の関係で私たちは各所を回りました。私の両親はいろんな人を家に連れてきて助けてあげるので子ども心にもめんどくさいなと思いました。いつも兄弟同士で「またッ」と親に言えば、「今のあなたたちには分からないかもしれないけど、私たちがこうしてお世話をしていることは後であなたたちにも巡ってくるのよ」といって育てられました。

井上靖、平山郁夫氏に会い日本語を勉強しようと思う

土屋　志賀さんは中国で人民を地方に送り出す政策の「下放」を体験しましたか？

志賀　高校を出て工場、農村、軍隊で働きました。その後は甘粛省の酒泉市役所に就職して、政府の外事弁公室という友好交流の窓口に勤めました。その時、作家の井上靖先生や日本画の平山郁夫先生、政治家、ＮＨＫなど要人のアテンドや接待を担当しました。

土屋　井上氏は中国がまだ国際ペンクラブの未加入時に台湾を中華民国ペンクラブから台湾ペンクラブに名称変更させた上で中国ペンクラブを受け入れ、文革で紅衛兵から集団リンチを受けて犠牲となった作家・劇作家の老舎《ろうしゃ》氏の死を悼みました。自らも文革で失脚し、

井上氏の行動に感激した巴金《ばきん》氏は中国作家協会代表団の1980年来日時に「中国の文革収束前に、日本の作家たちは勇気を奮って、隣国の老舎の死を悼んでくれたのに、自分たち中国人は誰もそれができなかった。本当に恥ずかしい」という感動的なスピーチをしたそうです。この頃の日中の文化交流は非常に盛んでしたね。

志賀　老舎さんも巴金さんも中国では高名な作家です。当時の日中文化交流は確かに盛んでした。私も中国にいた時、作家の瀬戸内寂聴先生や司馬遼太郎先生ほか日本の錚々《そうそう》たる文化人を現地でご案内させていただきました。日中合作の映画「敦煌」は佐藤純彌監督の作品になっていますが、制作発表は深作欣二監督で行われました。深作監督とは長いお付き合いをさせていただきました。

私が一番感心したのは敦煌の名が中国よりも日本で広がっていたことです。今から35年前の中国人は辺境の知識がほとんどなく「敦煌、それどこ?」という感じでした。私が来日した時、「中国のどこから来たの?」と尋ねられ「敦煌です」と言えば理解されても「甘粛省」や「シルクロード」と答えたら「分かりません」という感じでした。

土屋　井上氏や平山氏は戦前の生まれで中国や中国の人に対してリスペクトがありました。

志賀　戦後間もなくに生まれた今70代の人たちも漢文化の影響が僅かに残っていて、「昔勉強しました」とか「懐かしい」と言われ、隣国の文化に理解があります。

土屋　役所で要人を迎える際はどのように？

志賀　当時は日本語が全く分からなかったので、要人たちと話をするために日本語ができる中国東北部出身のおじいさんにご挨拶の言葉を教えてもらい暗記しました。またある時、漢語と日本語ができるハーバード大学の教授から「あなたの発音は綺麗だ」と褒《ほ》めていただいて調子に乗って（笑）。それで日本語の発音がとても綺麗で言葉が柔らかくて上品な日本の女流作家にあこがれて真似をしました。

土屋　日本語は本格的にどこでマスターしましたか？

志賀　文革後に大学受験制度が復活し、蘭州大学が初めて日本語学科を設けると聞いて猛勉強しようと思いました。私は22歳での進学ですが、周りも20代、30代ばかりでした。

土屋　日本語学科で学んでみてどうでしたか？

志賀　当時クラスメートは「日本語にも漢字があるから容易だろう」と高をくくっていましたが、実際みんな助詞、助動詞、敬語、謙譲語にかなり苦労していました。私はその中でも謙譲語と敬語が一番苦手でした。また、中国語とは主語と述語の位置が違うのでテストの時に慌てて「あります」と「ありません」の肯定と否定を最後まで読まないで回答したら間違えてしまいました。来日してから日本人に「なぜこれが助詞、助動詞になるの？」と尋ねても「私、分からないから聞かないで」と言われました。

土屋　日本人は自国の言葉が話せるので国語の文法をきちんと学ぶ人が少ないです。私の中学1、2年の国語の教科担任は文法が苦手らしく毎年3学期にほとんど出勤しないのでずっと自習でした。中3の国語の教科担任が「1人も文法を分かっていないじゃないか」と言って驚いていました。

志賀　私も中国語の文法を尋ねられたら考えます。当時大学で流行っていた言葉が「英語は泣いて入って笑って卒業する」「日本語は笑って入って泣いて卒業する」でした(笑)。英語は横文字が全く分からなくてもコツさえつかめば勉強しているうちに理解が進みますが、日本語は勉強してもしても難解です。英語やロシア語専攻の学生から「第2外国語を日本語にしようと思うけどどうかな?」と尋ねられ「とても大変よ」と答えたことがあります。

　夏休みや冬休みはツアーのガイドをしながら会話の習得に努めました。その時、日本人のお客様からいただいた手紙に「ご自愛ください」とあって、すごくビックリしました。「ご自愛ください」は中国語だと「自重・自愛」に当たります。特に女性に対して「あなたの行動は軽率で生活も乱れている」と注意する言葉です。手紙でこう書かれると私がツアー中に軽率な行動を取ったのかと長い間考えてしまいました。

ビザの取得に苦しみ日本国籍を取得する

土屋　日本語と格闘しながらも卒業後に旅行業界に進んだのは入学前の要人のアテンドや大学時代にツアーのアルバイトを経験したからですか？

志賀　そうです。中国は長い間国を閉ざしていて、ようやく改革開放政策が進み、政府が外事弁公室を設置し、友好協会や旅行会社が次々と設立されました。

土屋　国際旅行社蘭州分社に就職しながら日本で語学研修のため退職したのですか？

志賀　辞めるのではなく休みを取って留学すると伝えました。会社も帰国後戻れるように職を残しておいてくれました。

土屋　その時既に大学で知り合った旦那さんと結婚されていましたね。

志賀　そうです。当時3歳の娘もいたので母親に預けて来日しました。中国人は夫婦が別々の都市に別々に住んで1年にそれぞれが1カ月ぐらいのバケーションを取って会う、その間子どもの面倒を親が見てくれるというのが普通です。

土屋　仕事中心ということですか？

志賀　それよりも国の分配制です。特に大学を卒業したら国が「あなたは敦煌に行きなさい」「あなたは北京です」というように自分で任地を選択できません。

土屋　日本での語学留学は？

志賀　留学というよりも就学といって最初は一般の日本語学校に入りました。当時ビザは日本語学校しか取れませんでした。ただ、日本語を一から勉強する人と一緒に学校に行っても時間がもったいないと思って、桜美林大学で3つのテーマに絞って通いました。「教育論」と「文章表現法」「話し方」のマスターです。

土屋　志賀さんが先に来日して、その後に旦那さんとお嬢さんを呼ばれました。

志賀　当初私の滞日は1年間の予定で娘を預けてきました。日本のみんなからは「3歳児を預けて来るなんて」と責められました。日本語学校の先生から「NHK『外国人による日本語弁論大会　ワタシの見たニッポン』に挑戦してみたら」と勧められて来日3カ月で出場しました。タイトルは「私は良い母親でしょうか？　悪い母親でしょうか？」です。

同時期に天安門事件があって帰国できなくなりました。1年の約束で社会勉強になると思って入社した日中平和観光株式会社は中国旅行しか催行していなくて天安門事件で経営が傾きました。シルクロードを切り口に再建を考え、敦煌出身の私に白羽の矢が立って、それが「あと1年、あと1年」と言われ、主人も娘も日本に呼ぶことになりました。

土屋　旦那さんのお仕事は？

志賀　国の貿易会社に勤めていて改革開放政策後に深圳《しんせん》で独立を申請しました。その直後の天安門事件の影響で却下され来日を決意したようです。娘も6歳になるから日本に慣れれば東京の学校に入れよう、慣れなかったら中国に戻る選択肢もありだなと思いました。

土屋　日本の国籍を取得した理由は？

志賀　1996年に取りました。その当時、私は仏跡巡りの添乗の仕事が多く1年に何度もインドやインドネシア（主にバリ島）を訪問しましたが、中国籍だとビザがなかなか下りません。当時インドネシアと中国の関係が悪化していたからです。毎年大使館に行って謝礼を渡してビザを取っていました。でも、コレラの発生でツアーが中止になり「3カ月以内に入国」と書いてあり「延長できますか？」と尋ねたら「3カ月以内に行かなかったら二度とインドネシアには入国できない。あなたは中国籍なので中国に戻ってビザを取るべきだ。それをここで特別に発給している」と言われたことがあります。添乗の際、お客さんはノービザだから空港をすっと出られるのに、私1人が40分以上待たされたこともあります。主人も中国籍だと貿易で台湾に行けないし、シンガポールではお客さんに空港まで来てもらって商談してまた飛行機でトンボ帰りしたようです。

土屋　お嬢さんは日本でどうでしたか？

志賀　娘は小学校ですごくいじめられました。小学生なので馬力はなくても「中国人はバイ菌を持っている」「近くにいると移されちゃう」「うちのおばあさんから『昔日本と中国が戦争して中国が悪い』と言われた」とかすごい言葉を投げかけて孤立させるのです。当時、担任の先生と面談したら「新年度のクラス替えまで我慢するしかない」と言われました。問題の子の親と学校で話をしようと思って電話しても絶対に来ません。娘のことが気になりつつ日本が好きになって家族と日本の籍に入ることにしました。

土屋　その際、「賀」から「志賀」に変えたのですね。

志賀　日本は夫婦別姓ができません。それと主人の中国での姓は日本の戸籍に使用できない漢字なので私の「賀」の前に父親の名前「志遠」の一字を取って「志賀」にしました。

土屋　日本にある姓でもお嬢さんの名前が日本と違うといじめが続くかもしれませんね。

志賀　小学校でいじめがあったこともあり、中学はなるべく自宅に近く給食のある品川区旗の台の文教大学附属中学校に通わせました。ここではいじめがなくなりました。娘に「『あなたは中国人ですか?』と尋ねられたらどう答えますか?」と訊《き》くと「普通に『中国人だよ』と答える」と言いました。ある日、娘が「『私は中国人よ』と言ったら隣の子が『私は韓国人よ』と返事した」と。いつの間にか吹っ切れて強くなったと思います。

「命は保険会社に預けている」
この言葉に肩を押され起業する

土屋　志賀さんは日本人を中国の辺境の地にいざなってくれました。鄙《ひな》の魅力は？

志賀　都市化されていなくて仏跡や遺跡がそのまま遺っているので好きです。中国のガイドは都市化を自慢しているけど、日本の年配の人たちは昔の農村の姿に郷愁を抱いていると思います。

土屋　日本の女性は中国のトイレに悲鳴を上げていました。

志賀　昔はそういう問題がありましたが、今は高速道路のサービスエリアでも観光地でも相当整備され綺麗になりました。よほど名もない辺境地に行かない限り大丈夫です。

土屋　「あと1年、あと1年」と言われ引き留められていた日中平和観光は？

志賀　娘が第2次反抗期を迎える頃で親が旅行の添乗で家を空けてばかりはまずいので日中平和観光を辞めようと思いました。それがなかなか辞められなくて。最終的に「私はどこの旅行会社にも行きません」と伝え、私のお客さんも変わらず日中平和観光で手配することにして契約添乗員になりました。しかし会社を辞めても前と同様にずっと忙しい。自分が課長職の時は部下に頼めたのに頼めない。自分のお客さんから「ここに行きたい」と言われれば日中和平観光の中国側の社員に強いことを言って新たな旅行先を開拓していました。それが、会社を辞めた途端、「会社にも方針があってコースが決まっているので新たな窓口を開くことは厳しい」と言われてしまいました。自宅にいても事務仕事は山積です。

土屋　社内で部下や肩書きがなくなると立場が弱くなりますね。私は伴侶に皮膚ガンで先立たれ当時中学1年の野球少年の子育てのため自ら部下を手放し、部長から次長に降格して1人部署を立ち上げました。マイペースで仕事ができるのは好都合ながら、雑用を人に頼めないので全て自分でやりました。業績を伸ばして子育ても落ち着き、有給休暇を申請してハワイに2週間行った時でさえ、代わって業務を担ってくれる者がいなくて、リゾートホテルで毎日2、3時間メール対応しました。

志賀　奥さんを亡くされ仕事も子育ても大変でしたね。

土屋　ありがとうございます。志賀さんの独立起業の経緯は？

志賀　実は会社設立を決めたのは株式会社ＴＫＣ出版と関係があります。先述の松原和尚を講師に「松原哲明和尚と巡る中国の旅」を毎年開催していました。その時の参加者と写真交換会を静岡県田方郡天城湯ケ島町上船原（現・伊豆市上船原）の船原館で行った際、皆さんから「志賀さん、会社を設立したら？」と言われました。私は「添乗員が経営なんてできません。旅行会社は一般の会社のようにお客さんからモノを買ってもらうのではなくて、人の命も預かっているので難しいです」と答えました。すると公認会計士の佐藤健男先生が「俺たちの命は

TKC出版中国研修旅行（西安）

保険会社に預けているから志賀さんが心配しなくて大丈夫だ。独立しなさい」と肩を押してくださいました。加藤佳瑞夫専務（当時）もみんなに「中国旅行を毎年、志賀さんで計画しましょう」と言ってくださりすごくうれしかった。幸いお寺関係のツアーも頻繁にあったので、悩むよりやってみよう、ダメなら会社をたためばすむ話だからと思って決心しました。ＴＫＣ出版とは１９９４年の日中平和観光の時代に始まり、１９９９年の会社設立から２０１５年までお付き合いをさせていただきました。ＴＫＣ全国会所属の税理士の先生方には大変お世話になりました。

土屋　どんな会社を目指しましたか？

志賀　株式会社遊路と株式会社遊路トラベルを創業しました。遊路の定款には出版や文化交流、展覧会、飲食業もできるように幅を持たせました。遊路トラベルは旅行業です。

土屋　シルクロードやヨーロッパにいざなってくれるという感じがしますね。

志賀　社名を考えた時に日本語でも中国語でも意味が読み取れ、発音も同じようにしようと思ったのと１９９９年に誕生したユーロ通貨にあやかりました。この年は和暦で平成11年だから会社設立は11年11月11日にしました。１からスタートを切るという意味を込めたわけです。

「ここは日本でなく中国です」顧客のスイッチを切り替える

土屋 志賀さんの参加者を楽しませる添乗は大人気で「毎年、志賀さんの旅行に行きたい」という常連のお客様が非常に多かった。志賀さんのおもてなしやホスピタリティーは中国で3度体験し、「そこまでやるか?」「期待以上のサービス!」「天下無双!」などという声が挙がりました。ちょっとした工夫で一生忘れない旅の演出を目指した動機は?

志賀 よくお客さんから「やり過ぎだ」「そこまでやらなくてもいい。見ていて見苦しい」と言われることもあります(笑)。とにかく何かあったら信用を取り戻せないし、皆さんに喜んでもらいたいという一心で無我夢中でした。会社を設立してから2023年11月11日で満25周年ですが、この間どう乗り切ってきたのかよく覚えていません(笑)。

土屋 二十余年日本と中国を駆けましたが、コロナ以来海外旅行が自粛ムードです。

志賀 このコロナで私は仕事が全くなくなりました。その結果、ゆっくり考える時間ができて、初めて自分で自分を褒めてあげたいと思いました。

土屋 褒めてあげてください。中にはすごいわがままなお客さんもいますよね。

志賀 確かに。でも、ツアー中はお客さんをわがままなんて思ったことがありません。

土屋 私が訪中した当時、中国ではサービス精神が育っていないと感じました。そもそもサービスという感覚がないようでした。そんな中で志賀さんのサービスは日本の老舗のおもてなし以上です。それはどこから来ているのですか？

志賀　先ほども述べましたが、母はどんなことがあってもまず先に他人のことを優先する人でした。例えば今日はおいしいものを作るとなったら私たちはすぐにでも食べたいのに、まず先に近所のあちこちに配ってから最後に我が家でした。しかも男みたいな性格で「隣の人がどうのこうの」「よそのうちでこれがあった」といった悪口や噂《うわさ》は母から一切聞いたことがありません。何か考えるよりも先に行動する偉大な母でした。私が自分や家族のことよりも他人のことを優先するのは母の影響かもしれません。

土屋　ところで敦煌空港から西安空港に移動する予定の飛行機が機材故障でエアコンも効かない中、約2時間待たされたあげくに安全のためフライトがキャンセルになったことがあると聞きました。意気消沈しているツアー客にどう説明し対応しましたか？

志賀　私たち添乗の仕事で一番大事なのは今晩泊まるホテルを確保することです。まず朝チェックアウトしたホテルに当たってみる。無理な場合は次善のホテルを探す。それと並行して次の日の飛行機は既に予約が入っていたとしても、我々が搭乗できるかどうか席の調整を行います。さらに次の西安のスケジュールをこなせるかどうか、ちゃんと帰国できるかどうか、様々なことを総合的に考えます。あとお客さんの感情的な部分のケアですね。

土屋　押さえるといっても夏の敦煌は人気で既に次の宿泊客の予約もありますよね。

志賀　夜、列車で到着するツアー客がまだ敦煌に着いていなかったので、私たちのツアーを優先してくれました。日本のお客さんは慣れているホテルだと安心できますからね。ほかのホテルに回ることになったガイドは相手の添乗が私だと知って諦めたようです。ツアーのお客さんにはホテルに戻るバスの中で「ようこそ敦煌にいらっしゃいました」と明るく言ったら、みんなどっと笑ってにこやかになりました（笑）。皆さんしょうがない、残念だと思っているけど、それをほぐしてあげて「禍を転じて福と為す」に努めました。

土屋　志賀さんが玄奘三蔵《げんじょうさんぞう》、ツアー客が孫悟空のようですね（笑）。

志賀　きゃはは（笑）。あるお坊さんからは「俺たちは志賀さんの手のひらで遊ばれている」と言われました。

土屋　中国と日本の航空会社は違いますか？

志賀　日本はできるだけ飛行機を飛ばすようにギリギリまで努力しますが、中国はそうしないことが多いです。だから、この国の国民性や事情に文句を言っても始まりません。最初に成田空港や関空から飛んで北京空港や上海空港などに着いたら「皆さん、中国に着きました。ここはもう日本ではありませんよ。中国のスイッチに切り替えてくださいね」と釘を刺します。そうすれば「どうして？」「なぜ？」がなくなります。問題が起きてから

「ここは中国だから」と説明しても手遅れです。

土屋　イレギュラーを一緒に楽しむということですね。

志賀　そうそう。あとで皆さんから思い出を聞くと、「あの時のトラブルは……」と言って一番記憶に残っています。イレギュラーは話題にもなるのです。

日中平和発展促進会で両国の文化交流に尽力

土屋　心志会《こころざしの》を設立されたのは？

志賀　私の苗字に「志」があるので心志会にしました。約30年前に携帯電話が普及していない時代で中国出身の経営者同士で情報交換会をするために立ち上げたわけです。そのうち日本人の経営者も「中国人からパワーをもらいたい」と言って大勢の加入がありました。

土屋　「日中女性経営者の会」は『創業物語　在中国人自述　～38名の中国人が日本でのチャレンジを語る～』（日本僑報社）の著者の皆さんですか？

志賀　その会は株式会社日本僑報に誘われて入りました。『創業物語』の著者もいますが、女性経営者であれば本に登場していなくても大丈夫です。中国で活躍している日本人や日本に帰国して起業した人や弁護士・税理士といった士業の方たちもいて多士済々です。

土屋　2018年8月、一般社団法人日中平和発展促進会の理事長に就任されました。

志賀　私は旅行の仕事にずっと携わってきて、その中でも書画、漢詩、カメラ、仏像、NHKの取材など文化交流の色彩が濃かったです。自分が旅行会社を経営し添乗もするので、今後の日中間の人と人との文化交流で役に立ちたいと思って設立しました。

　中国人民対外友好協会というすごく大きな組織があります。この協会の現会長は林松添さんですが、それまでは第3代国家主席である李先念さんの娘さんの李小林さんが長く務められました。彼女が来日される度に友好交流のイベントや展覧会の手配などのお手伝いを担当させていただきました。その縁で2019年の中国建国70周年の国慶節を記念する式典とパレードを天安門城楼から観賞し、人民会堂での宴会にも招待されました。

土屋　志賀さんが大分県臼杵市にマスク5000枚、神奈川県鎌倉市にマスク1万枚、栃木県日光市にマスク5000枚を贈呈しているネット記事がありました。

志賀　日中平和発展促進会として中国の武漢と北京故宮博物院に先述の中国人民友好協会を通じてマスクを10万枚贈りました。次に私が敦煌市人民政府外事顧問の関係から同市の依頼で姉妹都市の大分県臼杵市、神奈川県鎌倉市、栃木県日光市にマスクを持参したという流れです。兵庫県には中国人民対外友好協会の名代で抗菌消毒スプレーを6600本贈呈しました。

土屋　志賀さんは特に鎌倉市とご縁が深いのですか？

志賀　鎌倉市では5年連続で「シルクロード」や「三国志」のセミナーの講師を務めています。

土屋　日中の関係が非常にぎくしゃくしていて志賀さんとしても陰鬱《いんうつ》な感じで日々を送られているのではないでしょうか？　そんな中、２０２２年8月24日に日中平和発展促進会が「敦煌文化芸術と日本との淵源」交流会を中国とのオンラインで主催されました。

志賀　おっしゃる通り２０２２年は日中国交正常化50周年の記念すべき年でしたが、コロナ禍もあって正常な日中交流を停滞させてしまいました。また、数年前から企画予定した記念交流事業も、日中両政府の厳しい関係から思い通りの交流ができなくなりました。その矢先に、敦煌研究院から交流会のお誘いがあり、開催の運びとなりました。

　交流会は敦煌研究院書記の趙《ちょう》声良先生より『敦煌芸術の価値』というテーマで特別講座、そして莫高窟の芸術、保護などの紹介、新しい動向などとても勉強になる交流会でした。とりわけ最も感動させられたのは趙先生による敦煌研究院と日本との交流の歴史の話です。趙先

「敦煌文化芸術と日本との淵源」交流会（2022.8.24）

生は敦煌研究院と日本との交流は65年前の1950年代に遡って、それからの数十年間、日本政府を始め、平山郁夫先生及び公益財団法人日本文化財保護・芸術研究助成財団、公益財団法人野村財団、公益財団法人鹿島美術財団、日経新聞、東京芸術大学などの長期にわたる援助について感謝の言葉を述べられました。そして、平山先生に感謝するために2018年から昨年まで平山郁夫シルクロード美術館のコレクション展覧会を3回行っています。まさに50周年記念に相応しい交流会でした。

土屋　日中平和発展促進会会長の王敏先生（法政大学名誉教授、拓殖大学国際日本文化研究所客員教授、桜美林大学国際学術研究大学院特任教授）の『周恩来と日本　日本留学の平和遺産』（三和書籍）はすごく勉強になりました。特に次の事項が目を引きました。

「隋・唐時代から日本は大陸中国へ留学僧や留学生を20回以上派遣し、中日交流史において学問への探求の道を拓いた。それから1000年後、留学の目的地は中国から日本へと逆転した。約100年前に日本は中国の官費留学生を多数受け入れた。中でも東京高等師範学校校長で柔道の講道館を設立した嘉納治五郎は留学生を立派な『宏文書院』に住まわせ、世話役に教授を配置し、教室などの施設を利用して授業を行った」

「国語学者の松本亀次郎は嘉納治五郎の指示と支援により、中国人留学生の教材作りに着手した。3年で18種もの日本語教科書編纂《へんさん》に携わり、それらの教材はその後30年間、数え切れないほどの中国人留学生たちの学びを支えた。魯迅《ろじん》、秋瑾、李大釗《りだいしょう》、周恩来もその中に含まれる」

「周恩来は1917年秋～1919年春、日本に留学した際、琵琶湖疎水の見学などから、古代中国の治水神『禹《う》』（中国・夏朝の創始者で黄河の治水を成功させたという伝説上の人物）の精神が日本に継承されていることに深い感銘を受けた。帰国した周恩来は『大同』の初心で中国革命に邁進《まいしん》するが、終生日本を愛し、晩年も日本の桜に思いを馳せていた」

志賀　禹王は中国の教科書にも登場する英雄です。

土屋　王先生のネット記事の「日本は衰退、堕落していると感じる。昔の日本人のように真剣に考え、真面目に働くことや、伝統的な躾《しつけ》・美徳を生活の基盤にするといった姿勢が、衰退しているからだ。日本には世界に誇るべき素晴らしい哲学や感性がある。それらを国内外に向けて発信していくことは大事なことだが、今の日本人の多くがその素晴らしい『日本人』をよく理解していない。当然、認識がなければ発信することができない。まず、認識することが大事だろう」にうなづきました。

志賀　王先生は大連外国語大学で日本語を学んだ後、四川外国語大学大学院で宮沢賢治を研究されました。日本留学後に賢治の『風の又三郎』などがシルクロードや『西遊記』から大きな影響を受けていることに気づいて博士論文を執筆されました。ご自分を学問的に育ててくれた日本が下降線をたどっていることに憂慮されているのだと思います。

民間交流の促進
思い込みの排除

土屋　日本はアメリカとは遺伝的つながりがほとんどありません。その点、中国とは距離も近いし共通の歴史もあって、私はどうしても両国が仲良くなってほしいと思います。

志賀　一番必要なのは民間交流で、お互いに行き来しなければいけません。10年前に朝日新聞社『AERA』からの取材に「領土問題を機にお互いの国を訪ねる観光客が激減していて残念だ」と答えました。今中国のことをよく知る日本人は友好の翼で訪中したり、学生時代やビジネスで訪ねた人たちです。それから途切れてしまいました。日本の若者はアジアでなく欧米にしか行かなくなりました。でも、学生や青年が両国の交流で行くと「よかった」ということになります。行かないとメディアの報道を鵜呑みにしてしまいます。

以前、雲南省写真ツアーの添乗をしたことがあります。景勝地の前で日本の男性写真家が「志賀さん、早く来て」と私を呼びました。もう1人中国のおじいさんも中国語で叫んでいる。言葉が通じないけど喧嘩《けんか》をしている。「どうしたのですか？」と写真家の人に尋ねたら「さっきから、この人、僕の被写体を邪魔している。写真を撮ろうとしたら前に立ちはだかる」と。おじいさんは「それ以上前に行くと空洞で危ない」ということが言いたかった。写真家の人が後からしみじみ言われました。「『危ない』に最初から耳を傾けなかった。後で話を聞いて恥ずかしかった」と。先入観があればお互い善意で理解することができません。

土屋　言葉が通じないことによる思い込みは本当に怖ろしいですね。

志賀　中国人も多くが日中戦争のために反日です。「日本は嫌いだから行きたくない」と言う人が多いです。その中に日本の空港をトランジットで利用して「考え方が変わった。こんなに綺麗でマナーが素晴らしい国はない」と言う人も大勢います。

私の友だちが母子3代で来日し、大阪のホテルに泊まったらあまりにも綺麗で部屋に戻って靴の底を洗ってから外出したと言うのです。また、河北省の石家荘市長さんを連れて北海道旅行した時に「出発しますよ」と言ったら部屋を掃除し始めました。「なんで?」と尋ねたら「私たちはこんなに綺麗な部屋に泊まった。ゴミを片付けないと申し訳ない」と言ってテーブルの上のゴミをゴミ箱に入れ始めたのです。これも国民性の違いです。

例えば中国人は並ぶ習慣がありません。観光地のトイレで日本人が並んでいても割り込んで先に行こうとします。服をつまんで「並んでいるよ」と注意したら「分かった。先に行って」と言いました。それはたぶん農家の人たちで動物と一緒の自然のトイレだから並ぶことがないし、悪いと思っていないのです。ただ、外国の人たちからすると「横暴」と見えると思います。しかし、中国も都会に住む子どもたちや海外に留学した人たちから順に理解や行動が変わってきています。民間交流が活発になれば徐々に良くなると思います。

土屋　「敦煌文化芸術と日本との淵源」交流会で敦煌に魅せられました。あんな鮮やかな画を当時の人たちが描くなんて美の極致ですね。

志賀　冒頭でも「砂漠の大画廊」などと言いましたが、敦煌で最初に目に入るのが玉門関、陽関です。ぜひ訪ねて欲しいスポットは「莫高窟」です。ここの大仏は奈良・東大寺の２倍の高さで鎮座しています。石窟や仏像はもちろん窟檐《くつえん》や仏教壁画など見どころ豊富です。西暦３６６年から約１０００年という長期間石窟が造り続けられ、悠久の歴史をたどることができます。ほかには敦煌博物館や鳴沙山《めいさざん》などもお勧めです。映画「敦煌」の撮影のために建てられたオープンセットや平山郁夫シルクロード美術館、平山郁夫教学楼などは日本とのゆかりも深いです。敦煌は「日中友好のシンボル」でもあるのでぜひ訪ねてみてください。

敦煌・莫高窟

第8章　変貌した中国、豊富な財源とスピード感

田邉敏憲　元尚美学園大学学長
エアロディベロップジャパン株式会社社長

１９４９年、広島県生まれ。京都大学法学部卒。１９７３年、日本銀行入行後、大蔵省（現・財務省）官房調査企画課出向、ニューヨーク駐在員、考査局、調査統計局、発券局総務課長、長崎支店長など歴任。１９９７年、日本銀行退職。株式会社富士通総研経済研究所主席研究員、埼玉大学大学院経済研究科客員教授、尚美学園大学学長など歴任。現在、エアロディベロップジャパン株式会社社長。

日銀長崎支店長退職後の田邉敏憲氏は株式会社富士通総研経済研究所主席研究員時代に日中経済知識交流会のメンバーとして中国政府機関との交流で訪中し、経済やエネルギー、環境問題などについて調査や議論を重ねてきた。その当時の中国は日本を手本として知識や技術を旺盛に習得したが、ＧＤＰ（国内総生産）で日本を抜いて以降、もう学ぶものはないとの姿勢に転じた。田邉氏は益尾知佐子著『中国の行動原理　国内潮流が決める国際関係』（中公新書）を参考に日中両国の行方を示唆するとともに、自社の大型ドローン、空飛ぶクルマ用ガスタービン発電機の可能性などについても言及した。

社会実装の集大成として大型ドローンに取り組む

土屋　田邉先生が社長を務めるエアロディベロップジャパン株式会社（ＡＤＪ）の設立の経緯と大型ドローンの可能性についてお願いします。

田邉　日本には優れた技術が多く存在するのですが、それらは点在する傾向にあります。部分部分で見ると世界トップなのに、それらを統合した領域では世界的な存在感を失いつつある。そんな現状を打破したいと思い、日本の技術を活かしつつ、日本が不得意とする「技術に横串し」を入れる「システムズ・イノベーション」の発想で、新産業づくりにチャレンジしてきました。そんな中、一般社団法人日本ＵＡＳ産業振興協議会（ＪＵＩＤＡ）と出会い、調査研究を重ねていくうちに、次なる経済成長のニューフロンティア、大きなイノベーションが期待できる分野は、地表と有人航空機との間の「ドローン空間」にあると気づいた。まだ世界的にも決定的なプレイヤーがいないこの分野において、今なら、日本の自動車産業や航空宇宙産業などが培ってきた各種エンジンと小型発電機を組み合わせたハイブリッドエンジン発電機開発で一気に世界のトップに立てると確信しています。

２０１８年7月に「ハイブリッド動力システムで世界の空を拓く」を目標に、東京都小金井市にて創業しました。現在、30キロワットのエンジンは完成していて、40キロワットに取り組んでいるところです。ドローンの機体に50キログラムの荷物を搭載して1時間飛行できるような動力エンジンを開発できるのは、弊社だけだと思っています。

現状、バッテリーだと重量物を搭載したら飛行時間が短く二律背反となります。資金調達して市場に出したい。2023年が勝負の年になりそうです。それからもう1つは日本ではドローンの機体全体の重量が150キログラム以上だと航空機（有人パイロット操縦が前提の構造）で、航空機製造法の適用になる。こちらは経産省の世界になるから決着がついていなくて、1件ごとに申請しながら空に飛ばすことになります。バッテリーじゃない、ガスタービンエンジンで飛ばすのはこのクラス世界初です。

土屋　機体を完成させること、ドローン操縦士の養成とそのための教習所が課題ですね。今後、「デジタル田園都市プレイヤー」として取り組む予定と聞きましたが……。

田邉　いい質問です。大型ドローンは飛行機と同じです。プレイヤーには今後免許が必要です。国家1等免許と2等免許。これは座学でいいのですが、大型ドローンは操作が難しくて、機体ごとの特性に合った実技の研修が必要になります。

用途はいくつもあります。例えば一番大きいのは高圧電線鉄塔など

ガスタービンエンジン

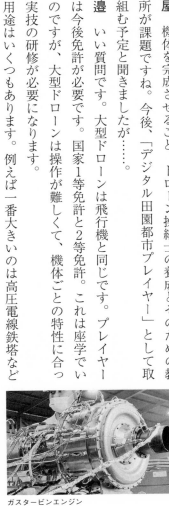

すごく大がかりな塗装の仕事です。この業界の人材が減っています。大型ドローンがあれば塗装作業環境が足場や塗料を届ける仕事のジャストインタイムでサクサクッと整備できます。この市場がどの程度か調べてみて驚きました。高くて大きい鉄塔で１０００万円、低くて小さいので５００万円、平均で1回７５０万円かかる。全国に鉄塔は24万基です。７５０万円×24万基で1兆８０００億円になります。3年で塗り替えが必要なので1年間に６０００億円が動く計算です。小さい塗料を運ぶのであれば大型ドローンでなくても大丈夫です。

JAPAN DRONE展（2020.3.25～27）

次に人材育成。塗料は火気厳禁の対象なので火気取扱責任者の資格や塗装業界のリスク管理ができる人になります。だからただの操縦士でなく現場で仕事をしていて必要なノウハウを持った人はすごく多彩な能力を有する分野になる。そこに教育研修のニーズがあると私は思う。操縦士には日頃から農業機械や漁船などを扱っている人材が最適です。農業高校だけでも全国に３００程度あって生徒が8万人います。これに工業高校や水産高校の生徒が加わってくる。彼らは「ドローンだ」「空飛ぶ発電機だ」と言うと目を輝かせる。農業や工業、水産でなく、電線鉄塔メンテナンスや道路が寸断された被災地などに食糧や医療品などの運搬、いざという時に人も運べます。非常時ならOKです。そういう役割を担えば利他の精神が養われ、その実践で人間的にも大きく成長できると思います。

土屋　ドローンを取り巻くマーケットは早晩ハードからサービス分野に移行しますね。

田邉　それが「ドローン・アズ・ア・サービス（DaaS）」です。検査やモニタリング、あるいはマッピングや測量といった新分野のサービスを創出します。そうすると年収1000万円は確実だ。ドローンはデジタルとAI（人工知能）の融合が肝です。通信を知る必要があるが、とんでもないニーズが高い仕事。だからそれを使いこなせるような地域のイノベーションのプレイヤーを育てることが次の時代のポイントだと思っています。

土屋　ドローンと人間の一体化が重要ですね。

田邉　それぞれ。中国の五行思想に「木《もっ》、火《か》、土《ど》、金《ごん》、水《すい》」があります。木は燃えて火になり、火が燃えたあとに灰（土）が生じ、土が集まって山となった場所から鉱物（金属）が産出し、金属は分解してミネラルとして水に帰り、水は木を生長させる、というように相手を強める影響をもたらすという考え方で一体です。

農業や塗装メンテナンスは1次産業と3次産業で、工場のロボット・AI化は2次産業です。自動工場になってからほとんど人がいない。1次産業、3次産業がそういったロボットを作れるかといったらできない。それをやるのがドローン、AIロボットです。最終目的は日本の優れた食料増産から再生エネルギーまでを担う。1次産業と3次産業が全然儲《もう》からないと言われていて人手がないところの生産性を上げるためにこれを進めたい。

それは単純な仕事でなくニーズが高いから、地方自治体や農協の職員なども手を挙げればいい。引く手あまたになると思う。大震災の時は消防隊員に負けないようなノウハウを持って出ていく。あるいは、島嶼《とうしょ》間で荷物を運搬するとかいっぱい仕事がある。機械は決して安くなく1台1億円程度となるが、3年レンタルだと年間3000万です。インフラの長時間点検など、今まで誰もやってこなかったことを上手く結びつけたい。ドローンで地上150メートル間を少人数で飛行させながら徹底的にAI・ロボット化で生産性を上げれば、日本は世界から尊敬されると思う。人口減少社会だけど、仕事があったら心も安定して子どもを生んで育てようとなるのだから。

私が日銀に勤めていた頃、日本は自動車産業のおかげで飯が食えた。国産自動車の優位性は裾野の広いエンジン技術に支えられているのでEV（電気自動車）になったらものづくりの強みも危うくなる。だから自動車産業に代わるような思いでガスタービンエンジン、空飛ぶエンジンの開発・生産に取り組み、輸出も視野に入れています。

ロシアのウクライナ侵攻で人間の生存に不可欠なのが食料とエネルギー（電気）だと分かった。私の義弟の八尾健さん（京都大学名誉教授）は「重いが廉価でリサイクル可能な鉛のバッテリー開発でイノベーションを起こしたい」と意気込んでいます。私は技術が活用されるように社会を変える営みの仕組みで社会実装（研究開発によって得られた情報を実社会で活用すること）させていく。

土屋　御社の強みは技術力はもちろん、社会実装と人的ネットワークですね。

田邉　電力会社をどんどん引き込もうとしている。中国電力（広島市）や九州電力（福岡市）を始め、先日は東北電力（仙台市）の方ともＷｅｂ会議を行いました。全国に24万基ある高圧電線が最も多いのは東北で４万７０００基。もっとリアルに正確に分析しないと政策にならない。プログラムを構築してマーケティングを行って初めてプロです。そうすると人がエンカレッジ（発達などを促進）されて動き出す。私は社会実装の集大成だと思って取り組んでいる。

中国は大激動の歴史で社会にトラストがない

土屋　益尾知佐子さん（九州大学大学院比較社会文化研究院教授）の著書『中国の行動原理　国内潮流が決める国際関係』（中公新書）は早速読了されたとか？

田邉　土屋さんがメールしてきたからすぐに買って読みました。毛沢東から習近平までの中国共産党指導者が何を考えどう行動してきたかが非常によく理解できました。

土屋　元警視庁刑事で神田外語学院講師の知人、榎本澄雄さんが紹介してくれました。益尾さんとは北京大留学時代の学友です。田邉先生は中国を訪ねどんな国に映りましたか？

田邉　中国との関係ができたのは1998年に株式会社富士通総研経済研究所に入ってからの10年間です。中国出身の柯隆《かりゅう》さん（現・公益財団法人東京財団政策研究所主席研究員）や朱炎さん（現・拓殖大学政経学部教授）、金堅敏さん（富士通総研経済研究所首席研究員）の3人と交流しました。特に親しかったのは柯さんです。論より証拠で徹底的に中国に行きました。柯さんは金融が専門で中国人民銀行の上層部に詳しい。中国人は人としっかり信頼をつなぐことに精力を注ぐのが日本人とは比較にならない。柯さんから後に中国国有銀行の頭取になった人物に会わせてもらい、中国の要人と関係構築の仕方を学んだけど徹底している。人との付き合い方が日本人は淡泊なんだと感じた。

もう1人、富士通総研とは違うラインに呂新一さんという人がいます。彼は中国の大学の数学科を卒業して東大大学院電気系工学研究科を修了した。すごく優秀で人物も申し分ない。だから先頭を走っていた。そういう人に限って嵌《は》められるわけ。中国・北京にいられなくなって来日し、みずほ銀行などでエコノミストをしていました。その彼からたくさんのことを学ばせてもらったけど、最も印象的なことは、日本を評価した2つの点です。

1つは「田邉さんは心から信頼できる人がどれぐらいいますか?」と尋ねてきて「私は心から信用できる人は中国人の同胞で2、3人だけど、その1人につい最近裏切られました」と言っていました。これは悲しい。中国は大激動の歴史があるから、いつ人に裏切られるか分からないので、人を容易に信用できないという潜在的な意識があるのも事実。益尾さんも中国でいろんな人と親しくして、個人個人はすごく優秀で有能な人がいっぱいいるのだけど、国家政策の変更に揺さぶられてきた歴史は如何ともしがたいと書いている。

何が言いたいかというと、中国は社会システムとして銀行でよく使う「トラスト（信用・信託）」がない国だということです。個々人も大きな権力の前では弱いから人をなかなか信じることができない。みんなが猫かぶりをしている。そういう前提で人と付き合うのは国家の流れとして仕方ない。呂さんは「日本は信用している人から裏切られることが少なくていいですね」と言ったの。そう思うでしょ。日本はあまり酷いことにならない。

益尾さんは毛沢東から習近平まで中国共産党に家父長制が染みついていると書いている。それは歴史的に中国の皇帝時代からそうです。その皇帝の半分以上が異民族でした。それが長い時は300年ぐらい続く。そうなったときの精神構造は長いものには巻かれろだし、食うことを先決しようとして生存をかけていると体制内でよけいなことが言えなくなってくる。だからヨーロッパの議会制民主主義などとは根底から違う。中国の皇帝政治について、中国にはさらにすごいことがある。官僚制や文書主義は中国の発明です。

土屋　元京都大教授の内藤湖南は『支那論』（文春学術ライブラリー）で「唐の時代は貴族である官僚が力を持っていた。北宋は皇帝の権力が強くなる一方、貴族階級が消滅して平民が台頭し、商業が盛んになった。その時点ですでに、中国は近世（近代）を経験した」と述べています。官僚養成の試験制度である科挙も中国の発明ですね。

田邉　そうそう。『支那論』は100年前のベストセラーだね。科挙も含めて中国のソフトなわけです。テクノロジーには社会テクノロジーと技術テクノロジーの2つがある。中国は技術や発明がいろいろあるけど、それは皇帝が社会を統治するためのものです。混乱は清朝末期のアヘン戦争からきている。中国に生まれた以上、誰を信用したらいいのか考える。華僑《かきょう》は家族しか信用していないと言うでしょう。イスラエルもそう。いつ土台となっているシステムが崩れるか分からないところで生きると、日本人とは差が出るね。

人類は食料や安住の地を求めて移動を繰り返しました。その代わりよそに出たら、奴隷みたいに使われるリスクもある。元首相の高橋是清もアメリカ渡航で奴隷を経験している。国家の枠ができて、国と個々人との関係がはっきりと意識されて国民国家となってから200年しか経っていません。それまでは国境線もよく分からなかったし、ユダヤは拠って立つ国がなくて奴隷になってでも生き残るという考えが必然的に出てきたと思います。

土屋　中国人は付き合いがすごく上手いけど、足も引っ張られるということですか？

田邉　付き合いにすごくエネルギーを注ぎます。どこの誰につくかで運命が変わるし、足も引っ張られる。今日、共産党の高級幹部でもバサっと切られる。周恩来のようにしっかりバランスを取っているかみんなが見ている。今まで最高のバランサーは鄧《とう》小平と思う。

中国は広く平らな空間
日本は襞々のナノ国家

土屋　呂さんが言った「日本のもう一つのいい点」とは？

田邉　自然環境です。中国はダラーっと開けているから隣との壁がない。まっ平らな空間で、絶えず家族でない誰かと隣に接する。それはものすごいストレスだそうです。「広いところは良くない、狭いのがいい」と彼が言った。その点、日本は山国で水も旨い。例えば長野県なら谷を挟むだけで別の文化圏になる。要するに、襞々《ひだひだ》が多い国家です。狭いから隣と分けてくれる。山を越えると別世界。私はそれはナノ（10億分の1）テクノロジーだと思う。1単位当たりの質量に対して表面積が極大。粒が小さくなればなるほど周りを360度で囲める。日本はナノ国土です。私は微生物の多様性にも取り組んでいたけど、それを確保するのに隠れる場所がいる。日本人は隣が山や川だからダメだと言うけど、ナノ国土は表面積が広くて隠れるところも多いからプラスと理解できる。

土屋　中国でも雲南省あたりは起伏に富んでいると思いますが。

田邉　あそこは違う。雲南省は自然が大きすぎる。そこである程度の人を集積することにはならない。日本は箱庭で、海も近くにあるし、狭い島国だと悲観するのは間違いだと私は思う。そこを原点に太陽光、モンスーン、適度に水がある。拙著『新資源大国を創る』（時事通信社）にも書いていますが、日本は江戸時代に人口増大と大火でかなり山を伐採しハゲ山になった一方で、植林政策を進めた。戦後もそれをやった。日本は水が豊富だから30年、50年でまた山が生い茂る。だからこそ、鑪《たたら》製鉄の還元に使った原料の木材が豊富だった。そう考えると日本は「木、火、土、金、水」のうち金属がないと言われているけど、都市鉱山があるしリサイクルですべての要素が揃う。排他的経済水域（ＥＥＺ）の海底にはコバルト・リッチ・クラスト（海水起源と言われ、鉄・マンガンを主成分とする酸化物）や金も眠っているとなると日本には資源がある。それらを結びつけるシステムズ・イノベーションがあれば世界に勝てると思い取り組んできた。

中国との付き合いを通して、学ぶよりも腑《ふ》に落ちた。日本は国土が狭いけど、水や森林があるから再生可能です。中国は森林が豊かな時代は製鉄国家だったけど、オアシスが消えて砂漠化し水がないから木が生えなくて持続不可能となった。日本は農薬を使っても雨で洗い流されるから土壌の微生物多様性も保たれる。京大と東大で教授を務めた和辻哲郎は『風土　人間的考察』(岩波文庫)で世界を「モンスーン＝湿潤」「砂漠＝乾燥」「牧場＝湿潤と乾燥のはざま」に区分して、それぞれの風土がもたらす人間の志向性を解説しているけど、モンスーン型の日本の自然環境はとんでもなく住みやすく素晴らしいと思う。

鄧小平が来日してから改革開放政策に転じる

土屋　田邉先生は富士通総研時代に日本経済研究センター・精華大学国際情報センター編『中国の経済構造改革　持続可能な成長を目指して』(日本経済新聞社)の第4章「厳しい資源・環境の制約、大きい日本の協力余地」の執筆者ですが中国政府とのつながりは？

田邉　中国は1978年に国家戦略に大転換が起こりました。鄧小平が来日して新幹線に乗り、新日本製鐵株式会社(現・日本製鉄株式会社)や日産自動車株式会社、松下電器産業株式会社(現・パナソニック株式会社)の工場を見学したことで、後の改革開放政策のヒントになりました。翌1979年、大来佐武郎さん(池田勇人首相の国民所得倍増計画の策定に関与、元・外相)に日本の経済知識を学ばせて欲しいといって始めたのが「日中経済知識交流会」です。後にこの会の主要メンバーになられたのが1998年に富士通総研経済研究所理事長に就任した福井俊彦さん（後に日銀総裁）です。富士通総研には私のほうが少し早く入り、福井さんと一緒や代理で会議に出席しました。だから柯さんなどとのネットワーク以外に政府間同士の場に、私も１９９９年から２００９年まで10年間関わりました。

それは江沢民・胡錦濤《こきんとう》時代です。その時の中国は地方政府に比較的自由にやらせていてまだ日本が勝る余地があった。それと日本が戦後の荒廃から高度経済成長を遂げたり、バブル崩壊など先行事例を揃えていた。その時に私は日本側のレクチャーをした１人です。これら日本の経済知見を中国側の皆さんはすごく真剣に学ぼうとしていました。

富士通総研経済研究所時代の田邉敏憲氏

益尾さんの本にも日中関係が非常に良好だったのは１９８９年の天安門事件から２０１０年までとあります。中国が２００１年にＷＴＯ（世界貿易機関）に加盟して市場経済体制を整備しようとした時期と重なります。それが２０１０年ＧＤＰ（国内総生産）で中国が日本を抜いて世界第２位となり、２０１２年８月香港活動家による尖閣諸島上陸事件があって、それ以降中国の各地で反日デモ・暴動が起きた。その年11月に党中央軍事委副主席に就任した習近平の時代は、もう日本から得るものがないと相手にしなくなった。

今の中国は昔とは圧倒的に違う。中国とはどの時点で付き合ったかで印象が全然変わります。私の時代にはまだ敬意を払って接してくれた。当時の中国側の最高顧問は総理の朱鎔基《ようき》さんです。彼は党人だけど中央銀行テクノロラートの人格者でした。この会は毎年、中国か日本で開催されたので、北京だけでなく雲南省あたりにも足を延ばしました。

土屋　益尾さんの本に広西チワン族自治区南寧が「中国・ＡＳＥＡＮ博覧会」の永久開催地を勝ち取った話が載っていて気宇壮大だと思いました。

田邉　何回目かの日中経済知識交流会は南寧で開催され、益尾さんが書いておられる中国の豊富な財源とスピード感を肌で実感したところです。

土屋　それは下放の経験などが人を骨太にさせたのでしょうか？

田邉　文革の非常に厳しい時代を生き抜くのはとんでもない労力を払っていると思います。個々は能力が高く人間的にも素晴らしい人たちがいっぱいいる。そういう人たちとは国と国がどういう関係であろうと人間対人間のお付き合いをすればいい。ただ相手の置かれている状況を理解することと譲っちゃいかんところで譲らない凛《りん》とした姿勢が望まれる。

土屋　日本人は相手の行動や態度に一喜一憂する傾向があります。その点、田邉先生はブレないで筋が通っているように感じます。

田邉　それは私の行動を見れば分かると思うけど、自分の意思や行動をストレートに出して生きてきているじゃない。ある意味私は正直だから軋轢《あつれき》も結構あるしやられることも多くて、生き方上手じゃないかもしれない。でも中国の人からは割とトラストされています。先述の呂さんといろいろ似ているのだと思う。でも人間、最後は一対一の関係です。我々が中国の人と付き合う場合、益尾さんの本を読んだり、4000年の歴史をきちんと勉強する必要があると思う。日本はなんだかんだ言って合戦で負けても殺されるのは一部だけ。あとはどちらかというと徳川家康が武田方の残党を自陣で召し抱えるような感じで恵まれていて、ある程度ぬるま湯でこられている。それはそれでいいことだと思う。

日本再生は破壊的創造と次世代のロールモデルを

土屋　国が1298兆円の借金を抱えているので歳出の4分の1は借金返済です。それでもぬるま湯に浸かっていられますか?

田邉　いけない。いけない。ヨーゼフ・シュンペーターは著書『資本主義・社会主義・民主主義』(日経BP)の中で「創造的破壊」と言ったけど、壊れないとイノベーションが生まれないので破壊的創造でしか世の中は大きく変革はしないようにも思う。

土屋　日本は堕ちるところまで堕ちないと立て直しが利かないということですか?

田邉　一番の典型例は第2次世界大戦です。あれで日本は壊れた。壊れたから三等重役と言われながらもみんな戦後の活力でバイタリティーが出て、また朝鮮戦争の特需で高度経済成長をつかんだ。シュンペーターという人はケインズ政策のように景気が悪くなったら財政出動とは言っていない。エンドレスなケインズ政策で今みたいに借金が積み上がっていくと身動きが取れなくなる。その時にちゃぶ台返しみたいなのが起こる。

土屋　アメリカのように政権交代で官僚も大量に入れ替わるような体制だと前政権のせいにして超ハイパーインフレで円を紙くずにして同時に国債もチャラにする政策が可能ですが、日本は政権が与党から野党に移行しても役人が一緒なので変化が見込まれません。

田邉　アメリカもそう単純ではない。例えば日米半導体摩擦で日本の半導体産業を骨抜きにしたり、プラザ合意以降の急激なドル安・円高戦略で日本企業の工場の米国移転（雇用移転）を仕掛けるとか、日本の産業構造全体を変えてしまう戦略は、民主党・共和党どちらも変わらない。要は米国の対外戦略の前に日本の独自性を打ち出すのが大変難しい。

土屋　益尾さんは終章で「中国共産党の問題処理能力は、好き嫌いを別として相当高い」「全体の統制はしっかり握りつつ、だがその握力は家人（人民）を握り潰さない程度にとどめ、社会全体を自分の意思の下で動かすことができるのが善き指導者である。そう考えると習近平はおそらく、中国の伝統に根ざした正統派の指導者」と書いています。日本の政治は低投票率で一部の卓越した政治家を除けば宗教・業界団体を後ろ盾につけたほうが当選です。よって国会議員が宗教や業界団体ばかりを向いて国家がなおざりです。極論を言えば日本は中国の指導者に政治をアウトソースすれば問題解決が早いかもしれません。

田邉　そうは言っても「いつ自分の自由が剥奪《はくだつ》されるか、人権侵害が起こらない法治主義の社会を失うかどうか」ということと中国の政治システムを選択するかどうかは、別次元のテーマだと思います。個々人としてどのような生き方をするか、自分なりにどういう行動をとるのかが重要です。我々以上の世代には年金で守られているから「逃げ切った」と言う人がいる。それは日本の高度経済成長時代という恵まれたベルトコンベアに、東京とか大都市の進学校を出て大企業や国家公務員のエリート高級サラリーマンとして乗っかることができた世代です。厳しい受験戦争に耐えてきた一方、厳しい自然環境や地べたに足を着けて生きた経験がない人たちです。私は広島県でもド田舎の出身で家の田植えや稲刈りなど農作業を手伝いながら勉強との両立を図ってきたので彼らの中で異質だった。だから自分勝手に選挙に出たりした。熊本・天草の血を引く益尾さんと一緒で辺境の出身です。それで中国の人たちとも同じ目線で付き合っていける共通点があるように感じます。

土屋　司馬遼太郎は『街道をゆく』（朝日新聞社）で何度も「人物は先端、辺境の地から出る」と示唆しています。

田邉　僕らの世代は恵まれているから次を担う人たちにどう行動したら成長産業作りがで

きるかのロールモデル、役割を見せる必要がある。そのためには勉強して行動しなければいけない。中国の長い歴史もちゃんと勉強しなきゃ。ただ政治家は忙しくてなかなか勉強できないようだから本当の知恵者をつければ成功する。忖度《そんたく》、忖度で流れているから政治が漂流しているわけ。それをぼやいてもしょうがない。

さっきのイノベーション論で、日本では消滅型イノベーションで既得権がある人が消滅します。誰が次のイノベーションを起こすのかといったら外国の人じゃないかと言われている。ひょっとしたら朝鮮半島が崩れて、移民または難民が来るかもしれない。今までの難民政策はご破算にして、また民族大移動みたいなことが起こるかもしれない。そうでなくても茹《ゆ》でガエルが消滅後に失うものがないところで残った人物が芽吹くかもしれない。

そのためにも次の世代をいかにして育てていくのかが重要な問題です。その時に自分ができてないのに子どもには言えない。山本五十六の格言「やってみせ、言って聞かせて、させてみて、ほめてやらねば、人は動かじ」のように示してやらなければダメです。ことは簡単、できるだけ次世代のロールモデルとなるような生き方をする人を一人でも多く増やすことです。それが今はテレビをつけたらコメンテーターばかり。結局、誰もが問われているのは「何をやっているのですか?」というところに行き着くのではないでしょうか。

習近平は権力集中を図り「万能主席」と呼ばれる

土屋　２０２２年10月の中国共産党大会で習国家主席の3期目続投が決まりました。

田邉　益尾さんの表現ですごいのは「毛沢東は個人崇拝を進めすぎた。彼は理想主義者でしっかりやれと実務者たちに指示する一方、組織間の問題調整には手をつけなかった」「習近平は国家制度を飛び越えて自らへの権力集中を図ってきた。あらゆる問題の最終決定権を制度的に握った。オーストラリアの中国グローバル研究センターは、２０１４年に習を「万能主席」と呼んでいる」の文章です。国がバシバシ統制して個々の人民にものを言わせないようにするパターンと、ある程度自由を認めて好きにやらせるパターンが中国でもありうる。習近平は後者をやらせてはいかんと言って組織のガバナンスを始めたとあり、そこの分析はさすが学者だと思った。

突っ走っていた人民解放軍や国家海警局は私に言わせれば関東軍になっていた。それを習近平がガバナンスできるようにした。関東軍のような組織に力を与えるとトップが戦争をしたくないのにある日突然ドンパチ始める、その力を削いでおく。それと益尾さんは「多様性に富み、活力と創造性に溢《あふ》れた人々からなる巨大な中国を、ひとつの国家の枠組みの下で機能する社会として統治し続けるのは、いかなる個人や組織にとっても容易ではない。

『ポスト習近平』問題は、中国社会にとっても極めて大きなチャレンジであるとともに、中国台頭時代の国際秩序のあり方を左右する重要な変数である」と終章を結んでいる。

私はそれ以上のことを中国の人から聞いた。「強力で有能な習近平がいなくなる5年後か10年後に大混乱が起こるかもしれない」と。中国の人民は監視や統制に不満を溜めていて、それが一気に爆発するかもしれない。中国の余裕がある人は外国にセカンドハウスを購入して財産形成を始めている。それは習近平後の混乱を怖れているからだ。そして暫《しばら》くどうなるか分からないのは4000年の歴史がそうだったからだと。例えば40代が国内の混乱に遭遇するとしたら20年は海外である程度様子を見て60代で帰国する。その準備をしている人が多いという話です。中国の人は付き合い方が上手いんじゃなくてそうしないと生きていけないのだと思う。それで大ごとになる前に所得格差の拡大を是正すると言って人々の不満のガス抜きをする。中国の所得格差の拡大は普通ではない。柯さんは「ニューヨーク、マンハッタンの超富裕の先進国とアフリカが共存する社会が中国だ」と言っていた。それを合わせて国民1人当たり所得も中進国並みという話になっている。

土屋　最低が底上げされてきているという報道でしたが。

田邉　違う違う。それより2022年6月の大学新卒者の失業率19・3%は、習近平でも危ない要素。でも恐らく暴発しない。あまりにも監視体制がしっかりしているから。

土屋　中国のＧＤＰの発表が延期になったりしています。

田邉　元々中国の雇用を充足させる経済成長率は６％とされてきました。ゼロコロナ政策で国内経済が冷え切り、米中摩擦で輸出環境も激変する中、大きな問題であった不動産バブル崩壊の影響が深刻化し、ＧＤＰの発表にも種々の配慮がされている可能性があります。

土屋　益尾さんの本に中国共産党の党員が増えているとありましたが、今後の行方は？

田邉　共産党はしっかりガバナンスするでしょう。中国の心ある人たちは連邦制を願っているけど、党が許さないだろうね。党員になることは、上流と下流に分かれる肝です。私たちは日本でどちらかというと成功して仕上がった中国の人たちから話を聞いている。そうでない人たちだといろんな声が出てくると思うので、それも聞いてみたい気がする。

アメリカの傘の下の日本
国民全体で防衛を考えよ

土屋　これから日本が破壊や消滅に向かえば、中国も相手にしてくれないですね。世界の中の孤児として日本はこれからどう生きていけばいいですか？

田邉　かつてのイギリスのように二流、二等国になるのではないか。でもイギリスがまだマシなのはアメリカのＣＩＡ（中央情報局）などとつながっていたり、外交の力やノウハウが半端じゃない。日本は経済が堕ちてきているしなにもない。今のところまだ対外投資からの上がりがあるぐらいだけど、これがなくなったらどうなるか分からない。イノベーション力も弱まっている。ポストオフ制度（役職定年制）もあまりメリットがないので橋を渡らない。大学院で行っている教育レベルも全然。競争力も低いから高等教育力も弱いでしょ。防衛は予算のせいもあるものの、いわゆる米軍の傘の下。日本は米軍に慮ってやっている。経済が落ちるということは全てがダメになるわけ。富国あっての強兵で、強兵あっての富国はあり得ない。だからあまり展望がない。

土屋　ということは同盟を結んでいるアメリカも日本のことを既に過小評価している？

田邉　それはそう。日本の基地を利用して思いやり予算をどこまで取れるか考えている。

土屋　ＥＵ（欧州連合）が買わなくなったアメリカの農薬を押しつけられた日本は農水省が基準値を下げてまで大量に輸入しました。

田邉　ワクチンも垂れ流しだ。余って効かないだけでなく様々なリスクが海外で指摘されているけど専門家の人たちが一切口をつぐんでワクチン接種運動推進役となっている。

土屋　原爆を落とした国と同盟を結ぶよりも、中国の傘の下には入れなくても、とりあえず米中両にらみはできませんか？　かつてインドのイギリス、インドシナのフランスに挟まれながら独立国を通したタイのように。

田邉　ありえない。ありえない。アメリカの産軍共同体の中に日本はすっぽり嵌《は》まっているのだから。そこから出ようとした瞬間に抹殺されておしまい。高度経済成長の時代であれば抹殺されても立ち上がるような金や力があったけど今はもうない。

土屋　フィリピンは30年前に国内の全てのアメリカ軍の基地を撤去したことで中国の勢力拡大を許し、再びアメリカ軍の駐留に傾斜しています。ただし、２０２０年にはアメリカとの地位協定を破棄しました。

田邉　アメリカの植民地時代のあるフィリピンと日本が同列にはとても考えられない。ただアメリカ自身が共和党のトランプ、民主党のバイデンの政権交代で明らかになった内戦さえ起こりかねない国内の分断が深刻化している。理屈や理性じゃなく真っ二つになりそうな点。その中にあって、アメリカの傘の下にある日本は、どのような防衛体制だと安全性を確保できるか国民全体でもう少ししっかり向き合う時期に来ているのではないか。

土屋　中国の軍事力が今以上に強大になった場合にアメリカは動きますか？

田邉　習近平はプーチンのように追い詰められていないし、台湾進攻の得失についても合理的に考えるのではないかと思う。台湾も自分から統一を実現するとかいろいろ言っているけど、やっちゃったらウクライナみたいに収拾がつかない事態になるのではないか。

土屋　台湾進攻の場合、アメリカがどう出るかよりも沖縄に基地を抱える日本はどうするかですね。元外務省審議官の田中均氏が講演で「勝負がついている。日本が威勢のいいことを言ってもしょうがない。中国の内政問題では？」と言っていました。

田邉　親台の安倍さんがいなくなり、岸田文雄政権や林芳正外相のスタンスはどうなるか。

土屋　安倍さんが存命でどんなに元気を出しても、今の中国には抗えないでしょう？

田邉　それはそう。外交問題が政治家次第で決まるものでもないでしょう。重要なのは、防衛予算増額を議論する場合にも、日本の成長への寄与や波及効果なども意識する必要があるということです。実は、私が開発に注力しているガスタービン発電機についても、ロシアのウクライナ侵攻を機に防衛面からも注目されていることが分かりました。ドローン搭載で運ぶいわば「空飛ぶ発電機」を視察した防衛省の専門家が興味を示しています。防衛装備品になる可能性があるため中小企業参加の防衛省展示会に出展することになりました。民生品技術と防衛品技術との線引きが段々なくなりつつある状況下、防衛品事業参入はタブーという空気もロシアのウクライナ侵攻を機に大きく変化している。日本優位のテクノロジーを製品化しないと日本の成長ビークルはなくなる。だからガスタービン発電機によるドローンは「空飛ぶ電源」として開発を急いでいるわけです。

フィンランドに倣って日本もマルチジョブで生産性向上を

土屋　世界の幸福度ランキング1位のフィンランドは森林資源を除き少資源国で、国家百年を担うのが若者と考え20年前に教育改革を断行し、実効ある授業や研究開発に予算を投じました。教師になるにはマスターコースの教授のお墨付きが必要で、教職は公務員中で最も高給取り、人気も高いようです。日本がフィンランドに近づくためには？

田邉　フィンランドを参考にするのは賛成だけど、その前にこの国の国情を捉える必要がある。この国は700年にわたってスウェーデンの支配を受け、その後の1世紀はロシアの統治下だった。ロシア革命を機に独立したけど、大戦中は独ソに翻弄《ほんろう》され、冷戦期には政治・メディアがソ連の監視下に置かれていた。常に対外的に緊張状態にあり、一人ひとりが一騎当千の人材にならなくてはいけないという高い意識でいるわけです。

その結果、複数の仕事を持つ人たちの国となりました。教師も授業だけの教師でなくマルチジョブ。人口が約500万人と少ないけど、みんなの能力を最大限に引き出すためにそうしている。ある人は教師をしながら週末に会社の技術者として実績を挙げ、ウィークデーの夜は地方議員として働くなど複数の仕事を掛け持ちしている。日本も良くなってきているとは言え、まだ多くの会社が副業を認めていない。正社員だからというのをやめて、みんな副業ができ、マルチで働ける社会にして生産性を上げていかなければ世界からどんどん後れをとる。学校も先生が足りないと言っていないで、非常勤やパートタイマーの教員ウエートを高める。そうしたら正社員、正職員だからという縛りも意味がなくなります。

今の職場がダメなら固執しないで転職すればいい。そのほうが心の安寧が保てる。それと人が減ることは悪くない。消滅型で人が減少したらみんながマルチタスクせざるを得ない。日本はこれまで余裕がありすぎた。明治の時は4000万人、今は1億2000万人だから3倍に増えた。また4000万人に減るかどうか分からないけど、4000万人でもあれだけ活力があったので全然心配ない。消滅と言わず4000万人、6000万人だとみんなそれぞれ役割があって元気が出る。それとリモートワークが整う環境になったから会社に一極集中させないで社員をあちこち分散して働く体制にすればいい。

土屋　中国・上海で生まれ、宮城県本吉郡唐桑町（現・気仙沼市唐桑町）舞根で育った畠山重篤さんは気仙沼水産高校卒で京都大学フィールド科学教育センター社会連携教授に就きました。1964年頃から気仙沼湾が生活排水の汚染で「血牡蠣《ちがき》」廃棄を余儀なくされ、1984年にフランスを訪問した際、磯に魚介類が豊富でロワール川を遡ると広葉樹林を目の当たりにしました。帰国後「森は海の恋人」を標語に大川を清掃し上流の山に植林し、舞根の海を蘇らせました。「学界は森林学や地質学、海洋生物学などに分かれそれぞれタコツボに入っている。それらをトータルに分かる自分が教授に招聘《しょうへい》された」と聞きました。

田邉　下流の改善のために上流に着目したのは面白い。私もオールジャパンの横串屋さんだと思っている。日本なりの食料やエネルギー、素材など恵まれた資源を有効活用するために異なる業種の人と人の間に入って生産性を向上させたり、3次元空間の1次・3次産業のロボット・AI化に向けて大型ドローンをまず製造し、さらにそれを使いこなして地域のマルチタスクできるプレイヤーを育成して社会実装する。そういう意味で、フィンランドと同じことを考えている。1人何役も掛け持つ社会を創出したい。これはできる。今、限界集落では人がいないから葬式も神社の祭礼も相談事への対応も全部1人が担っている。さらに自治体議員との掛け持ちもする。人口が減ることは悪くないのではないか。

一方でデジタル田園都市構想も1200億円プラス300億円の令和5年度予算がついている。竹下登内閣のふるさと創生事業で各市町村に1億円ずつ配ったのと同じです。だったらもっと役に立つ、後の種蒔きになるところに金を使うようにアイデアを出したりすることが私たちの役割だと思っている。1億円あるのだったら大型ドローンでマルチタスクをこなせるプレイヤーを育てる。困っている仕事とコラボできたらみんなハッピーだ。

防衛費の「対GDP比2%」も、財源をどこにどう使うかがポイントでお金が生きたり死んだりする。要は、中身が重要でできるだけ次につながるような金の使い方をしないといけない。コロナ対策や既得権ばかりを優先すると成長産業づくりにはつながらない。

土屋　田邉先生は湯原哲夫先生と意気投合して海洋や環境、エネルギー問題など研究対象を広げてきました。湯原先生は東大大学院工学系研究科教授の最終講義で学外（非常勤講師）の田邉先生の名前を何回も出して、「一緒に文理融合でエネルギー自給率50％、エネルギー利用効率50％、化石燃料依存率50％に抑えるトリプルフィフティの提言を行ってきた」と言われました。学生には「やるべきことをやれば自然とイノベーションが起こる」「課題を設定する」など心に響く言葉を投げかけ、東大教授としての5年弱でゼミの院生から大勢優秀論文を出したとか。田邉先生と湯原先生は東大に新風を起こしましたね。

田邉　私が日銀長崎支店長時代に三菱重工株式会社長崎研究所次長だった湯原さんと出会いました。「原子力発電プラント建造コストは1キロワットあたり30万円かかる。例えば福島の100万キロワット原発は3000億円。あらゆる電源の優劣も1キロワットあたりのコストが比較するうえで大きな要因となる。H－Ⅱロケットが上手くいかなかった際も、大気圏に飛び出す時間の金属疲労爆発を避けるまでにとどめ、過度に強度を上げないといった発想を聴いて大変勉強になりました。

東大システム創成学科は地球環境のようなスケールが大きな問題を研究するので新しい解決法を見出す必要から自然科学や工学、社会科学までを包含したカリキュラム設計にして、より大きなイノベーションに挑戦する人材養成を目的に誕生しました。文理融合ということで私にも声がかかりタコツボから脱して横串を刺す必要などの講義を行いました。

土屋　田邉先生は出口治明先生（現・立命館アジア太平洋大学学長、ライフネット生命保険株式会社創業者）とも親交が深いですね。

田邉　私が『アメリカの金融機関経営』（東洋経済新報社）を初上梓した際、大学の1年先輩の出口さんが250冊購入して友人・知人に配布してくれました。長いお付き合いの始まりです。出口さんと一緒に編著書『新資源大国を創る』を出版する間柄となりました。その後の彼の知の巨人ぶりはご存じの通りです。知識の奥が深い。単著だけでも60冊超、そのうち50冊をこの10年間で出しています。1、2年前に体調を崩しながら奇跡の復活を遂げ学長に復職しています。私が出口さん、湯原さんが日本建築学会会長（当時）の秋山宏先生を誘ってタクラマカン砂漠を訪ねました。添乗は敦煌出身の志賀建華さん（株式会社遊路社長）に務めてもらい、今でも思い出す大変楽しい旅となりました。

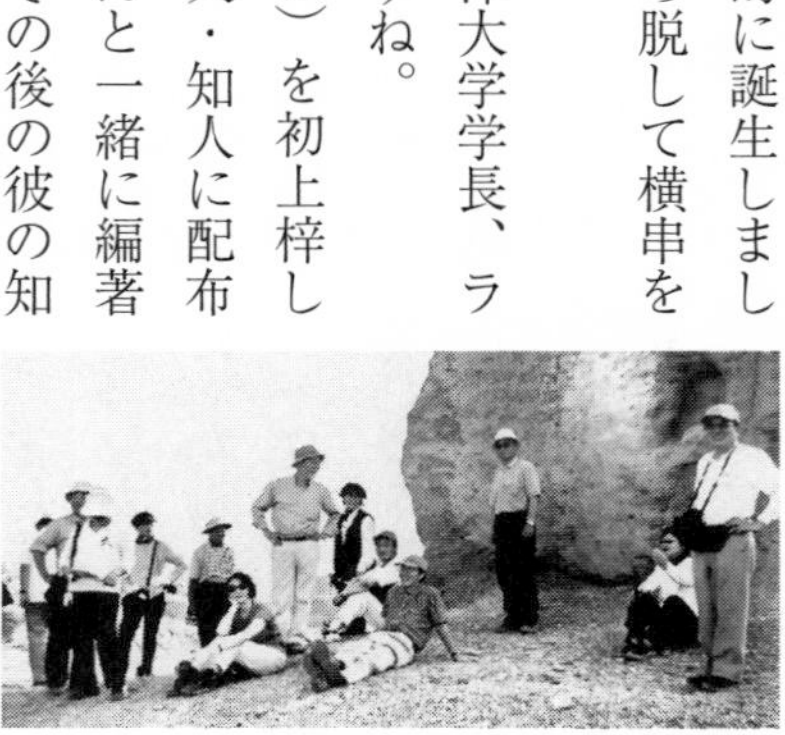
タクラマカン砂漠（ほぼ中央に田邉敏憲氏と湯原哲夫氏）

カレッジ成果発表「日中関係と活法合気道の精神」

日本は開闢《かいびゃく》以来、中国と2000年の良好な関係があった。中国大陸から日本に伝来したものは衣服や稲作、建築を始め、漢字、仏教、儒学など様々ある。奈良時代から江戸時代の知識人は漢詩や漢籍、論語に親しみ、庶民は『三国志』や『水滸伝』などに触れた。

明治以降に伊藤博文や金子堅太郎、森有礼などが欧化を推進、徳富蘇峰や三宅雪嶺、陸《くが》羯南《かつなん》などが国粋主義を標榜。岡倉天心は「アジアは一つ」を提唱しアジア主義と言える。

日清戦争は朝鮮の一派が宗主国の清（満州民族）を侮蔑し日本に近づいてきて、日本が「帝国」の野望から朝鮮に開国を迫り戦端が開いた。日本が勝利できたのはオール日本対李鴻章《りこうしょう》の戦いで清が一枚岩でなかったからだ。これ以降、日本は富国強兵を邁進《まいしん》する。

加藤陽子東大教授の『満州事変から日中事変へ』には「日中双方とも宣戦布告がなく戦闘と和平工作が続行された。戦争の真因（中ソ関係が悪い時に日本の防衛ラインを北西に上げる、満州は将来の対米戦の補給基地）と国の国民への説明（中国が条約不履行、日本製品ボイコット）が違っていた。日本陸軍は全国の農家に『満蒙の沃野《よくや》を頂戴しよう』と国防思想普及運動を展開。同歩兵学校資料『中国の兵員は浮浪者が多く殺害してよい』、同業務日誌『上海・南京戦は兵員に犯罪者多数投入のため練度が低く、軍紀風紀の現状が皇軍の重大汚点なり。強姦・掠奪《りゃくだつ》たえず』とある。天皇も『陸軍には困ったものだ』と述べている。加藤教授は「これが侵略でなくて何なんだ」と記している。

終戦直前にソ連参戦で関東軍が鉄橋を爆破し旧満州の邦人30万人が大混乱した。無事に引揚船で帰国した邦人もいる反面、多数の残留孤児が出て、中国の養父母が育ててくれた。この問題は日中国交正常化後もしばらく進展せず、作家の山崎豊子が『大地の子』を著し注目を浴び、河合弘之弁護士が「就籍」の方法で１２５０人の日本国籍の取得を果たした。

中国の改革開放で来日した張麗玲さんが東京学芸大学院修了、就職後に中国からの留学生を撮り溜めたドキュメンタリーが中国全土で放送され大反響。「野蛮と思っていた日本人の印象が変わった」など好意的な声が寄せられた。日本でもフジテレビが放送し、「小さな留学生」は視聴率が20％を超えた。これで日中は雪解けになると思われた。

中国はＧＤＰ（国内総生産）で世界第2位になり、日本の尖閣国有化により中国各地で暴動が起きて両国の関係が悪化。中国は経済力に合わせて軍事力も増強していった。

ピーター・ナヴァロは『米中もし戦わば』で「新興勢力・中国と超大国・アメリカの間

で戦争が起こる確率は70％超、台湾有事もあり得る。中国の軍拡はアヘン戦争から日中戦争までの『屈辱の１００年』に根付く。米軍は守備範囲が広く軍事費が中国の3倍かかる。アメリカの納税者は新孤立主義や戦争疲れで米中の摩擦を望まない。大半の米国民はアジアに人種的ルーツがなく無関心。日韓の基地は早期警戒システム」などが書かれている。

小原雅博東大教授（当時）は著書『日本の国益』で「戦後日本は自国の『国益』を無視してきた。ナヴァロの米中衝突の話は一歴史の事象からの類推で危険。戦争回避は政治の務めだ。アメリカの『遅れた中国を助ければ民主化するだろう』、日本の『尖閣問題の先延ばし』など日米は中国の力を甘く見た。中国は爪を隠す『韜光養晦《とうこうようかい》』から『一帯一路』構想に移行したが、日本は日米同盟を基軸としながらプラスαは中国」と断言する。

活法合気道の開祖・植芝良平は修行中に「黄金体に化す」体験以来、勝ち負けの競いを否定、自然宇宙と和合を推奨、心身統一の理念のないがしろを戒めた。植芝の高弟・塩田剛三は「最強の技」を問われ「自分を殺しにくる人間と友だちになることだ」と喝破。塩田の「相手と和す」「謙虚」、これぞ正しく日本が中国と向き合う上での極意と確信する。

『高校生新聞（２０２２・２・８）オンライン』に在日中国人高校生の話が載っていた。彼女は小学生の時から「汚いから近づくな」と言われ、名前でからかわれた。これに「中国は綺麗と汚いの表裏が激しくコロナや監視社会でイメージダウンしたが、中国人は決して悪くなく温かい。差別への対抗策は想像力。メディアの情報が全てではない。何事も自分で現場を見て考えてほしい」と反論している。

渋沢栄一は著書『論語と算盤』で「相手のことを我がことと想う」の意である「忠恕《ちゅうじょ》」を多用している。親は子の鏡。日本人の親が忠恕を実践して万人に思いやりの心で接すれば子どもたちも差別やいじめと無縁だ。そうすれば日本は中国のみならず、世界の国々と仲良くなれると確信する。

おわりに

本年1月21日～22日に日本学ユニバーシティ（ＪＵ）主催「Ａｓ Ｏｎｅ体験ツアーⅠ」に参加し、三重県のアズワン鈴鹿コミュニティを訪問した。このコミュニティは「子育ても仕事も、２００人の１つの大きな家族」を標榜し、貨幣経済を排して互助の生活を送っている。初日の懇親会で引率の田中栄一氏（ＪＵ最幸顧問・元総務省総務審議官）から「日本は経済力が低下し『自助』も『公助』も難しくなった。アズワンのような『共助』のコミュニティが全国にいくつもできることが理想と思っている」との話があった。

日本は経済を始め国力が弱まり、本当は防衛力増強など言える状況にない。国内だけでなく海外とも「共助」でやっていけば両国が共に防衛コストを抑えられる。そこでタイトルは「もう中国とは『共助』でないといけない！　識者8人の実践と知恵」とした。

8人の識者の方々からも「日中両国は『共助』で友好を」との提言があった。第1章の高橋恵さん「政治家も外交官も、しかめっ面だとうまくいかない。笑いが大事」、第2章の河合弘之弁護士「隣の大国と仲良くしないでどうする？」、第3章の張麗玲さん「文化

（映像など）を通して民間外交を活発化させよう」、第4章の瀬野清水さん「日中は独仏エリゼ条約に倣って首脳会談と青少年交流を」、第5章の佐藤志乃先生「日本はアジアの一員として簡単に欧化してはいけない」、第6章の朱金諾さん「日中は『温故知新』『求大同存小異』『未来志向』で仲良くしよう」、第7章の志賀建華さん「民間交流の促進と思い込みの排除」、第8章の田邉敏憲先生「国と国の政治体制が違っても、中国の人たちは優秀なので個人的にどんどん交流していけばいい」などである。

第2章コラムの池田澄江さん（NPO法人中国帰国者・日中友好の会理事長）から聴いた「通勤電車に揺られて通勤しているので座席に座りたいと思うが、若者が優先席を占領し寝たふりや携帯で目を合わせようとしないで優先席を譲ってくれない。40年前に温かく迎えてくれ天国だった日本はどこに行ったのだろう？」は紙幅の関係でカットしたので本欄にて紹介する。これは戦後日本がアメリカナイズしたことによる弊害ではなかろうか？

今回、識者の方々との対話集をまとめることができたのは、これまで筆者にチャンスや気づきを与えてくださった方々の存在が全てである。

飯塚真玄株式会社ＴＫＣ社長（当時）からは元職の編集会議で「読まれる雑誌にしてください」と方向性を示唆され、税理士の寺田昭男ＴＫＣ会報編集長（当時）からは多くの資料を読み込みインタビューする真摯な姿勢を学ばせていただいた。加藤佳瑞夫株式会社

ＴＫＣ出版専務（当時）は営業職だった私に「土屋君ならできるよ」と言って未経験ながら編集デスクのポストを与えてくださった。読者で税理士の石川和夫先生は草創期の『月刊致知』にも関与されたようで、「自分は文士を目指した時期があり活字が大好きだ。君の文章には品と味がある。頑張れ」と激励された。

大里綜合管理株式会社社長の野老真理子社長（当時）は私にボランティアとして「ねっと99夢フォーラム」の講師選定・依頼の機会を77回与えてくださった。

東京都立大プレミアム・カレッジの篠田粧子特任教授からは私の修了論文の1次提出時、「日中戦争のくだりが欠落しているので論文として完成度が低い」と効果的な指摘を頂戴したので加藤陽子著『満州事変から日中戦争へ』（岩波新書）に出会えた。カレッジ3期上滝賢二さん（元ＮＨＫ理事）は筆者の修了論文を褒めてくださり出版への意欲が湧いた。カメラマンの唐川敬司さんは識者8人の方々の素敵な表情を写真に収めてくださった。日本僑報社の段景子社長は強力なリーダーシップで出版の方向性を示してくださり、段躍中代表・編集長からは励ましの言葉を頂戴した。

これまで出版を見守ってくれた家族にも感謝の言葉を伝えたい。

２０２３年春　東京・中野の自宅にて

著者 土屋雄二郎（つちや ゆうじろう）

1958年、岡山県に生まれる。ライター。株式会社TKC出版で東京営業所所長、TKC会報編集室長など歴任。音と映像と舞台の株式会社の代表取締役を2期務める。東京都立大学プレミアム・カレッジで日中関係に目覚め、日中国交正常化に貢献した郷里の岡崎嘉平太氏の偉業に触れ、両国の友好促進の一助として8人の識者を広く取材し、1冊にまとめた。

The Duan Press

もう中国とは「共助」でないといけない！

―識者8人の実践と知恵―

2023年5月27日　初版第1刷発行
著　者　土屋雄二郎（つちや ゆうじろう）
発行者　段 景子
発売所　日本僑報社
〒171-0021 東京都豊島区西池袋3-17-15
TEL03-5956-2808　FAX03-5956-2809
info@duan.jp
http://jp.duan.jp
e-shop「Duan books」
https://duanbooks.myshopify.com/

Printed in Japan.　ISBN 978-4-86185-336-4　C0036